Marion Röbkes

Die Kipper Wahrsagekarten

Das Handbuch der Zukunftsvorhersage
mit dem traditionellen und beliebten
Wahrsagesystem der Zigeuner

WINDPFERD

Die Informationen und Hinweise in diesem Buch wurden sorgfältig überprüft. Für eventuelle Schäden, die durch die Anwendung der Inhalte und der damit verbundenen Ratschläge und deren Interpretation in direkter oder indirekter Weise und Folge entstehen, übernehmen weder Verlag noch Autorin eine Haftung. Ebenfalls wird darauf hingewiesen, daß die Karten und die Interpretationsvorschläge nicht zur Diagnose und Behandlung medizinischer und psychischer Erkrankungen gedacht sind. Bei einer entsprechenden Indikation appellieren Verlag und Autorin an die Eigenverantwortung der Nutzer, einen fachkundigen und entsprechend ausgebildeten Mediziner, Heilpraktiker oder Therapeuten aufzusuchen.

5. Auflage 2007

www.windpferd.de

Umschlaggestaltung: Kuhn Grafik, Digitales Design, Zürich, unter Verwendung von Illustrationen von Salish
Lektorat: Christiane Reinke-Wittig für *panta rhei!* – MediaService
Gesamtherstellung: Schneelöwe Verlagsberatung & Verlag, Aitrang
Printed in Germany · ISBN 978-3-89385-519-3

Inhaltsverzeichnis

Einleitung

Wer hat jetzt wen gefunden – Du die Kipper-Karten oder die Kipper-Karten Dich? Vielleicht war es einfach nur so, daß Du durch einen „Zufall" über die Karten und dieses Buch gestolpert bist – oder Du hast bewußt danach gesucht. Doch was es auch war, es hat eine Verbindung geschaffen zwischen Dir und den Karten.

Die Geschichte der Kipper-Karten

Die Kipper-Karten sind alte Zigeunerkarten, deren genaues Alter wie auch die Wege, auf denen sie schließlich zu uns gelangten, im Verborgenen liegen. Man geht jedoch davon aus, daß der Ursprung der Kipper-Karten, ähnlich der Vorläufer der Orakelkarten der Mademoiselle Lenormand, zuallererst ungefähr im 14. Jahrhundert zu suchen ist. Durch umherziehende Zigeuner fand das Kartenspiel dann Verbreitung in ganz Europa. Bedingt durch die diffusen Hintergründe und Ursprünge erzählt man sich deshalb vielleicht auch gerne die Geschichte, daß sich der Name der Karten von den „Kippern und Wippern" ableitet. Dies waren Spekulanten, die mit Hilfe einer Feinwaage die übergewichtigen Münzen von den leichteren mit dem gleichen aufgeprägten Geldwert trennten. Die schwereren Münzen wurden dann eingeschmolzen und das Edelmetall wieder verarbeitet, wodurch mittels des überschüssigen Materials ein guter Gewinn erzielt werden konnte. Die erste Kipperwelle war zu Beginn des Dreißigjährigen Kriegs – denn zu dieser Zeit waren neben den Truppen die Kipper und auch die Zigeuner unterwegs, die sich den Heerlagern anschlossen oder auf den Märkten dem interessierten Publikum aus der Hand oder aus den

Karten lasen. Da es durchaus üblich war, daß ein Orakelkartendeck mit dem Namen des Mediums in Verbindung gebracht wurde, wie dies beispielsweise bei den Lenormand-Karten auch der Fall ist, sieht man hier deshalb gerne eine Beziehung zu den Kippern, mit deren Hilfe die Karten ihre weite Verbreitung erhalten haben sollen.

Eine andere Version weiß von dem Kartenmacher Fr. Kipper aus München zu berichten, der zum ersten offiziellen Erscheinen der Karten im Jahr 1882 beigetragen haben soll. Er soll der „Vater" der Kipper-Karten sein, der die Tradition der sogenannten „Wahrsage- und Orakelkarten mit Illustration und Beschriftung" mit diesem Kartendeck fortgesetzt hat.

Die Renaissance der Kipper-Karten

Wie bei allen Orakelkarten, zu denen ich in diesem Sinn auch das Tarot zähle, gab es Hochphasen ebenso wie auch Zeiten, in denen die Kartendecks fast vollkommen in Vergessenheit gerieten. Die Kipper-Karten erleben in den letzten Jahren eine Renaissance, und dies wird auch verständlich, wenn Du Dir die Bilder der Karten einmal genau betrachtest. Die scheinbar einfachen und klaren Bilder enthalten viele kleine Details, die beim ersten Betrachten kaum wesentlich erscheinen. Manchmal sind es aber gerade diese Kleinigkeiten, die die Inhalte der Karte verdeutlichen – fast wie im richtigen Leben. Und dies macht die Faszination und den Erfolg der Kipper-Karten schließlich aus. Die Symbole, denen Du bei der Deutung eine besondere Aufmerksamkeit zukommen lassen solltest, sind in den Deutungstexten durch Schrägstellung hervorgehoben und auf den Seiten 28–30 in stichwortartigen Interpretationsmöglichkeiten aufgeführt. Es wird für Dich vielleicht das ein oder andere „Aha-Erlebnis" geben, wenn Du feststellst, daß ein Schirm eben nicht nur ein

Schirm ist und er nicht zufällig auf dem Bild dargestellt wurde, sondern daß ihm eine ganz besondere Bedeutung zukommt, die Dir den Inhalt einer Karte vielleicht erst gänzlich entschlüsselt. Manche dieser Symbole finden auf mehreren Karten Verwendung, sie bestimmen somit als Tendenzen die Inhalte der Karte mit. Auch dies soll Dich dabei unterstützen, möglichst bald vollkommen selbständig an die Deutung der Kipper-Karten heranzugehen.

Die „neuen" oder „alten" Kipper-Karten

Wer bereits etwas länger mit den Kipper-Karten arbeitet, wird feststellen, daß sich die Bilder etwas verändert haben. Im Lauf der vergangenen Jahrhunderte wurde die Gestaltung der Kipper-Karten, die in ähnlicher Form auch als „Wahrsagekarten mit Illustration und Beschriftung" in Gebrauch waren, immer wieder verändert und den Wesenszügen ihrer Zeit angepaßt. Das ursprüngliche Kartendeck zeigte die Gestaltung der Bilder in der nun mit den neuen Karten wiederum veröffentlichten Form. Im Gegensatz zu anderen auf dem Markt befindlichen Karten sind die Personen und Gegenstände in der Ausrichtung zu finden, wie sie auch bei den original Kipper-Karten zu sehen waren. Viele der heute erhältlichen Kipper-Karten, die rund fünfzig Jahre nach dem Erscheinen bei Fr. Kipper gestaltet und herausgegeben wurden, sind in spiegelverkehrter Darstellung zu sehen.

Um ersichtlich zu machen, wie sich die Spiegelung einer Karte nicht nur optisch anders darstellt, sondern auch für den Inhalt eine gänzlich unterschiedliche Interpretationsweise zuläßt, ist folgend „Ein langer Weg" in der Originalausrichtung und in der spiegelverkehrten Version abgebildet. In der Spiegelung zeigt der Weg, der hier als Entscheidungsmöglichkeit zu sehen ist, in die Richtung der Vergangenheit. Inhaltlich würde dies bedeuten, daß man sich eher regressiv verhält und der kommenden Entwicklung eher verhalten gegenüber steht. (Es sei denn, man spiegelt auch die ganze folgende Legetechnik, denn es verschiebt sich ja nicht nur die Perspektive der einen Karte, sondern aller übrigen auch und somit könnten inhaltlich in den Kombinationen schließlich gravierende Unterschiede entstehen. Aber dies ist auf die Dauer ein kompliziertes Verfahren und führt in aller Regel dann nur zu Verwirrungen.)

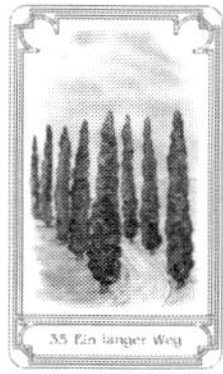

Spiegelung

Original

Auch bei der Karte „Erwartung" wird diese Rechts-Links-Verkehrung beispielsweise sehr stark deutlich, denn auf den spiegelverkehrten Karten richtet die Person ihren Blick nach links, daß heißt in die Richtung der Vergangenheit. Möchte man interpretieren, daß man erwartet, aus bereits früheren Zeiten und Geschehnissen noch Wirkungen zu verspüren, so wäre dies hier vertretbar, jedoch gilt, im besonderen auch im Bereich der psychologischen Symboldeutung, die nach rechts orientierte Ausrichtung als Hinwendung zur Zukunft – und für kommende Zeiten erwartet man in aller Regel auch etwas. (Alles andere wäre bereits ein Zeitphänomen!)

Mit der vorliegenden Veröffentlichung erhalten die Kipper-Karten mit ihrer ursprünglichen Ausrichtung auch ihre wesentliche Bedeutung wieder zurück, die ihnen seinerzeit ganz gewollt verliehen war. Nicht nur bei diesen beiden Karten wird der Unterschied deutlich werden. Am besten hilft dabei der „Trick", sich die Karten in einem Spiegel zu betrachten und festzustellen, wie sich nicht nur der gesamte Eindruck, sondern auch in der Folge die Bedeutung durch die Ausrichtung verändert – bei allen übrigen Karten auch, außer der Militärperson, die erstaunlicherweise immer in ihrer ursprünglichen Darstellungsweise abgebildet wurde, auch in den spiegelverkehrten Decks.

Auch wenn die Kipper-Karten nicht mehr in der strengen Form des ausgehenden 19. Jahrhunderts gehalten sind, orientieren sie sich jedoch hinsichtlich der Gestaltung weitgehend am Original, lediglich die Formen wurden weicher und fließender, und damit wirken sie für den heutigen Nutzer nicht mehr so unerbittlich und disziplinarisch, als wenn man sich ihrem Diktat unbedingt beugen müsse.

Das hier beschriebene Kartendeck wurde vom Künstler Salish gestaltet und hält sich in punkto Symbolik und Aussagekraft nah an die Gestaltungsweise der Karten aus der Zeit der Jahrhundertwende. Die Formen wurden jedoch etwas zarter gehalten, und die Bedeutung einzelner Elemente konnte zeichnerisch etwas hervorgehoben werden. Bei der Umsetzung verzichtete Salish im Randbereich der Karten auf scharfe Konturen, gestaltete die Züge und Säume weicher und fließender und schuf somit mehr Spielraum für phantasievolle Interpretation.

Die Bedeutung der Kipper-Karten für uns selbst

Du hast Dich für die Beschäftigung mit den Orakelkarten geöffnet, um eine ganz andere Welt der Erfahrung in Dir aufzunehmen und sie zu erspüren und erfühlen. Es sind die Bilder, die Figuren und Symbole auf den Karten, die Dir soviel über Dich selbst und über das Leben mit seinen Höhen und Tiefen erzählen können. Einiges davon hast Du vielleicht schon selbst erlebt, Erfahrungen und Gefühle erlitten, in positiver wie in negativer Hinsicht. Nicht immer ist es leicht, die Situationen und Prüfungen des Lebens einfach anzunehmen, als würde einen dies alles nichts angehen. Es ist Dein Leben, und das möchtest Du auch leben – und Du hast ein gutes Recht darauf!

Irgendwo tief in Dir gibt es ein Wesen, das sich nach Liebe, Geborgenheit und Freude sehnt. Vielleicht hast Du es als innere Stimme bereits schon einmal vernommen, wenn beispielsweise Dein Gewissen Dich plagte oder Du intuitiv etwas getan hast, weil „irgendetwas" in Dir dazu geraten hat. Es ist das Erahnen, daß dort noch etwas in Dir sein muß, was sich nach Befreiung sehnt und danach, endlich erhört zu werden. Sei bereit, Dich selbst näher kennenzulernen und mehr über Dich zu erfahren. Und auch wenn Du Dir Deiner inneren Führung bereits bewußt bist, wirst Du darüber hinaus noch viele wertvolle Erkenntnisse gewinnen können, die Dein Leben um einiges bereichern.

Die Inhalte der Kipper-Karten und ihre (Be-)Deutung

In diesem Buch werden Dir die Grundbedeutungen der Karten erläutert, aber auch die Problem- und Fragestellungen, mit denen Du Dich bei der Interpretation auseinanderzusetzen hast. Zusätzlich erhältst Du einige Hinweise in Stichworten, die Dir den Inhalt der Kombinationen von jeweils zwei Karten verdeutlichen sollen und Dir somit eine tiefergehende Interpretation ermöglichen. Beachte hierbei jedoch, daß durch die Kombination verschiedener Karten deren Aussage in den einzelnen Fällen verstärkt, abgeschwächt oder sogar gänzlich verändert werden kann. Eine detaillierte Aufstellung von Mehrfachkombinationen würde jedoch (nicht alleine wegen ihres Umfangs) ein mehrbändiges Lehrwerk füllen, und auch die Zweifachkombinationen sind nur Anhaltspunkte, die Dir Hinweise geben sollen, die aber nicht als „feststehende Definition" zu werten sind, wie Du bereits bald verstehen wirst. Dies macht es für Dich notwendig, Kombinationen mit mehreren Karten auf die Vielfalt der Deutungsweisen hin zu überprüfen. Doch gehe langsam an die ganze Sache heran – niemand hetzt Dich, außer vielleicht Du selbst.

Die Kipper-Karten und die freie Willensbestimmung

Immer wieder kommt im Zusammenhang mit dem Kartenlegen die Frage auf, ob die Orakelkarten ein ultimatives Ergebnis anzeigen oder ob man mittels des eigenen Willens und der freien Entscheidung den Ausgang einer Situation noch mitbestimmen kann. Bei der Arbeit mit den Kipper-Karten wirst Du entdecken, daß die Karten Dir einen Weg aufzeigen oder eine Tendenz offenlegen. Du wirst erkennen, welcher Entscheidung Du in Deinem tiefen Inneren eher zusprichst und welche Möglichkeit Du für Dich ablehnst. Die Karten helfen Dir in Situationen, in denen Du „den Wald vor lauter Bäumen nicht siehst", doch sie sind nicht dazu geneigt, Dir eine letztlich fällige Entscheidung abzunehmen.

Erlaube den Karten, Dich zu führen oder Dir Hinweise zu geben. Du kannst Deine Kartenlegung zu alternativ möglichen Lösungen durchführen, um eine Entscheidungshilfe zu erlangen, die Kipper-Karten werden Dir aufzeigen, wie das voraussichtliche Ergebnis sein wird, wenn Du Deinen bisherigen Kurs beibehältst. Ein unangenehmer Ausgang in einer Sache wird deshalb also nicht zwingend eintreten, wenn Du darum bestrebt bist, diesen zu vermeiden. Du hast die Wahl, das Ergebnis in Deinem Sinne zu verändern, wenn Du dies möchtest. Die Karten helfen Dir also dabei zu erkennen, worin Dein Problem liegt und wie Du es bewältigen kannst – dies umzusetzen liegt dann bei Dir.

Die Grenzen der Deutung der Kipper-Karten

Wenn Du nicht nur für Dich selbst, sondern auch für Freunde, Verwandte und Bekannte, die Karten legen möchtest, mußt Du Dir über die Verantwortung bewußt sein, die Du mit dieser Aufgabe übernimmst. Erwähne bitte keine Todesfälle, Unfälle und schweren Schicksalsschläge, die die Person oder deren Angehörige betreffen, selbst wenn Du absolut sicher sein solltest, diese Ereignisse in den Karten zu sehen. Auch wäre es für Dich ein Gewinn, wenn Du Dir hinsichtlich der Interpretation für Dritte die folgende Weisheit verinnerlichen würdest: „Man soll anderen Menschen die Wahrheit anbieten, wie einen Mantel, in den sie, wenn sie bereit sind, hineinschlüpfen können – und sie ihnen nicht wie einen nassen Lappen um die Ohren schlagen!“ Im eigenen Umgang mit den Karten erfordert dies zum einen große Offenheit, zum anderen aber auch sehr viel Sensibilität und Verständnis. Deshalb bringt es auch nichts, die Deutungsweise der Karten zur eigenen Schonung zu „verbiegen“. Überlege Dir deshalb genau, welche Konsequenzen Du aus der Deutung der Karten ziehst und in welcher Weise Du Deine Interpretation eventuell an Dritte weitergibst.

Aber auch im allgemeinen gilt, daß Du auf das Kartenlegen verzichten solltest, wenn Du müde, krank oder innerlich unruhig bist. Dein Körper und Dein Geist sind in dieser Zeit damit beschäftigt, sich selbst zu regenerieren, und benötigen deshalb eine Phase der Ruhe und Entspannung. Es wird Dich nicht weiterbringen, wenn Du versuchst, in diesen Momenten eine Entscheidung mittels der Karten zu forcieren. Vielleicht wird Deine Anspannung sogar nur noch verstärkt, wenn Du erkennen mußt, daß sich Dir der Sinngehalt der Karten nicht fließend und leicht erschließt, sondern mühselig und anstrengend wirkt. Lerne in diesem Fall, auch einmal „Nein“ zu sagen, wenn Dritte Dich darum bitten, die Karten für sie zu legen. Eine krampfhaft herbeigeführte Interpretation wird nicht nur in Dir Unzufriedenheit auslösen, sondern auch in Deinem Gegenüber. Das Ergebnis wird für beide Seiten nicht befriedigend sein können.

Nachfolgend findest Du einige Legesysteme beschrieben und auch einige Beispieldeutungen, die Dir helfen sollen, Dich in die Interpretation der Kipper-Karten einzufühlen.

Ich wünsche Dir nun viel Spaß dabei, die Bilderwelt der Kipper-Karten zu entdecken und dabei viel Neues über Dich und Dein Umfeld zu erfahren.

Legemöglichkeiten mit den Kipper-Karten

Verfahrensweise

1. Entscheide nach eigenem Gefühl, ob Du die Karten vorher numerisch ordnen oder in ungeordnetem Zustand neu mischen möchtest. Wenn die Karten vor dem Mischen neu geordnet werden, ist auf jeden Fall ein längerer Mischvorgang notwendig, um eine Trennung der Karten zu erzielen, da sie sonst eventuell in ihrer durchnumerierten Reihenfolge verbleiben würden – dies verzerrt das Bild.
2. Die Karten werden von der Person gemischt, die Antwort auf eine bestimmte Frage sucht. Es reicht zumeist vollkommen aus, wenn Du innerlich das Gefühl hast, daß die Karten genügend durchgemischt wurden.
3. Entscheide je nach Fragestellung, mit welchem Legesystem Du arbeiten möchtest, um eine konkrete Lösungsmöglichkeit für die gestellte Frage zu erhalten. Auf den nachfolgenden Seiten findest Du drei Legemöglichkeiten beschrieben, mit denen Du erste Erfahrungen sammeln kannst.

Deutung der Kartenlage zu der Personenkarte

Hinsichtlich der Personenkarten gibt es noch einige Besonderheiten zu beachten:

1. Liegt eine Karte in Blickrichtung der Personenkarte, so schaut sie diese an. Dorthin wendest Du Dich – dies ist das Thema/die Person/die Situation, mit dem/der Du Dich zukünftig beschäftigen oder auseinandersetzen mußt (es ist das, was Du siehst). Diese Karten zeigen die Zukunft.
2. Liegt eine Karte „im Rücken“ der Personenkarte, so wendest Du Dich davon ab. Dies ist das Thema/die Person/die Situation, mit dem/der Du Dich nicht mehr beschäftigst oder auseinandersetzt (es ist das, was Du nicht mehr siehst). Diese Karten zeigen die Vergangenheit.
3. Liegt eine Karte über der Personenkarte, so „ist es in Deinem Kopf“. Es ist das Thema/die Person/die Situation, mit dem/der Du Dich in Gedanken beschäftigst (es ist das, was Du denkst). Diese Karten zeigen, was der Fragesteller verstandesmäßig erkennt.
4. Liegt eine Karte unter der Personenkarte, ist dies das Thema/die Person/die Situation, das/die Du nicht beachtest, das/die verdrängt wird. Vielfach kommt diesen Karten eine große Bedeutung zu, da sie die Ansätze für die Lösung eines Problems zeigen können. (Etwas, das in das Bewußtsein – nach oben – gebracht werden sollte.)

Die Tageskarte

Mische die Karten gut durch, und lege den Stapel mit der Bildseite nach unten vor Dich hin. Ziehe willkürlich eine Karte – ob aus der Mitte, von unten oder das obere Deckblatt, nimm die Karte, die Dich anspricht. Drehe sie um, und deute ihren Inhalt – von der Qualität dieser Karte wird Dein heutiger Tag bestimmt sein.

Falls Du noch unerfahren mit den Legetechniken bist, hilft es Dir vielleicht, Deine Deutungen am Morgen in kurzen Stichworten oder Sätzen aufzuschreiben. Vergleiche abends Deine Interpretation vom Morgen mit den tatsächlichen Geschehnissen des Tages. Stelle auf diese Weise fest, wo Du der Karte eine zu schwache oder zu starke Bedeutung beigemessen hast. Auf diese Weise wirst Du Dich an die Inhalte der Karten durch Dein persönliches Erleben immer näher herantasten.

Ein Beispiel

Karte Nr. 13 (Reicher guter Herr)

Wenn Du diese Karte als Tageskarte gezogen hast, dann solltest Du Deiner Produktivität an diesem Tag freien Lauf lassen. Es wird viele Dinge geben, die Dir einfach von der Hand gehen, und Du wirst einen ungewöhnlich schnellen Erfolg erzielen. Es ist genau der Tag, um die Dinge zu erledigen, die Dir sonst etwas unlieb sind. Dies kann beispielsweise ein Korb voller Bügelwäsche sein oder der Hausputz, aber auch Deine überfälligen Büroarbeiten oder Dinge, die Du gewöhnlich auf die lange Bank schiebst, lassen sich nun gut erledigen.

Laß Dich von der Energie dieser Karte anstecken, und versuche nichts zu forcieren. Lehne Dich nach getaner Arbeit zurück, und stelle fest, was Du mit spielerischer Leichtigkeit an diesem Tag alles geschafft hast.

Das keltische Kreuz

Mische die Karten durch, und konzentriere Dich dabei auf die Fragestellung, zu der Du eine Antwort erhalten willst. Fächere die Karten aus, und ziehe nacheinander zehn Karten, die Du wie in der Skizze beschrieben mit dem Bild nach oben auslegst.

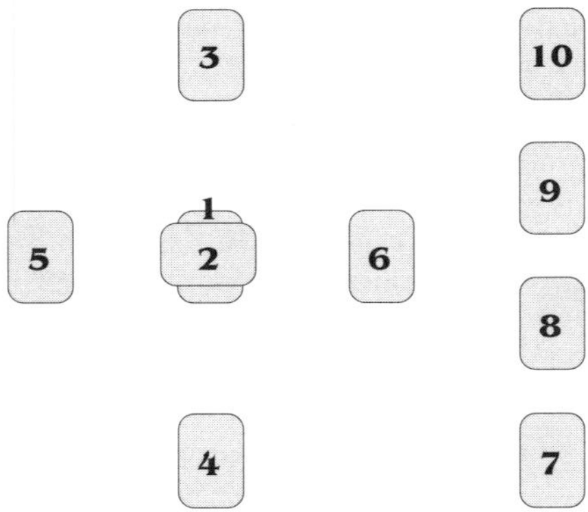

Die Kartenpositionen und ihre Bedeutung

1. Das ist die Situation/die Sache, um die es geht. Diese Karte steht für Dein Problem und gibt Dir die ersten Anhaltspunkte, was Dich innerlich beschäftigt.
2. Durch den hier ausgedrückten Sachverhalt wird die Situation beeinflußt. Hier kommen zusätzliche Aspekte ins Spiel, die Dir verdeutlichen sollen, was derzeit noch Wirkung auf Deine jetzige Situation ausübt.
3. Das ist Deine Einstellung zu dieser Situation. Mit dieser Karte soll Dir gezeigt werden, wie Du in Deinen Gedanken zu dem Problem eingestellt bist.
4. Das wird von Dir verdrängt. Es ist das, was Du mit Füßen trittst. Schau hier genau hin, denn diese Kar-

te enthält für Dich sehr viele Informationen, die Du im Moment noch nicht verinnerlicht hast.

5. Das hat aus der unmittelbaren Vergangenheit in diese Situation geführt. Dabei handelt es sich nicht um einen konkreten Zeitraum, sondern umfaßt die Aktionen der jüngeren Vergangenheit, die sich bis zum aktuellen Zeitpunkt erstrecken.
6. Das ist das unmittelbar folgende Ereignis. Auch hier gibt es keine zeitliche Einteilung, es gilt alles, was vom jetzigen Zeitpunkt an in dieser Sache an Aktionen folgt.
7. So siehst Du Deine Situation nach außen dargestellt. Es ist das Bild, daß Du für Dritte erzeugst oder erzeugen möchtest. Es ist die Darstellung der Person, die Du jetzt sein möchtest.
8. So nehmen Dritte Deine Situation tatsächlich wahr. Betrachtest Du diese Karte im Verhältnis zu der vorhergehenden, dann zeigt sich Dir, inwieweit Dein Selbstbild und das Fremdbild, das andere von Dir haben, sich decken.
9. Dies sind Deine Hoffnungen und Ängste zu dieser Situation. Falls es Dir schwer fällt, diese Karte auf Dich zu beziehen, schau im Textteil des Buches nach, dort wirst Du Deutungshinweise finden, die Dir bei der Interpretation weiterhelfen können.
10. Dieses Ergebnis zeichnet sich derzeit ab, wenn die Situation nicht verändert wird und/oder Du Deine Einstellung nicht überprüfst.

Versuche, möglichst alle Karten im Kontext zu erfassen und zu deuten. Schreibe Deine Interpretationen auf, um sie mit den eintretenden Ereignissen zu vergleichen. So hast Du nachfolgend eine Kontrollmöglichkeit für Deine Deutung und kannst auch klar erkennen, ob Du die Situation richtig eingeschätzt hast oder nicht.

Ein Beispiel aus der Praxis

1. Karte Nr. 28 (Erwartung)
2. Karte Nr. 18 (Ein kleines Kind)
3. Karte Nr. 5 (Guter Herr)
4. Karte Nr. 17 (Geschenk bekommen)
5. Karte Nr. 22 (Militärperson)
6. Karte Nr. 11 (Viel Geld gewinnen)
7. Karte Nr. 31 (Kurze Krankheit)
8. Karte Nr. 34 (Zu hohen Ehren kommen)
9. Karte Nr. 24 (Diebstahl)
10. Karte Nr. 12 (Wohnzimmer)

Das Kartenbild stammt von einer jungen Frau, die gerade ihre Berufsausbildung mit gutem Erfolg abgeschlossen hatte und in ihrem ehemaligen Ausbildungsbetrieb übernommen worden war. Sie wohnte bis dahin noch bei den Eltern, zu denen sie ein inniges Verhältnis hatte. Ihre Freizeit verbrachte sie mit Freunden und Bekannten, mit denen sie viel unternahm. Nun hatte sie von ihrem Betrieb ein Stellenangebot erhalten, welches ihren beruflichen Vorstellungen genau entsprach – der neue Arbeitsplatz würde jedoch im Ausland sein.

Das Kartenbild zeigte, daß sich die junge Frau in einer Erwartungshaltung befand, die sie gespannt auf das blikken ließ, was gerade neuen Einfluß auf ihr Leben zu nehmen begann. Die Chance, eine gutbezahlte Position zu erhalten, in der sie alle ihre Wünsche und Hoffnungen verbunden mit ihren beruflichen Zielen verwirklichen konnte, entsprach ihrer inneren Erwartung, doch sie wagte kaum, darauf zu hoffen. Sie erhielt mit diesem Angebot die Möglichkeit, mittels ihrer Persönlichkeit ihr Wissen einzusetzen und auf innovative Weise Verbesserungen auf der neuen Stelle zu erzielen. Aber in ihren Gedanken über diese Situation war sie zwiespältig, und sie wußte nicht genau, wie sie dem für sie nun neu eingetroffenen Zustand, den sie ja innerlich erhofft hatte, gegenüber eingestellt sein sollte. Da sich ihre Erwartungen „rückwärts“ richteten und sie somit mehr an der Entwicklung dieser Situation verhaftet blieb.

Sie versuchte nun, sich rational gegen ihre eigenen Wünsche abzugrenzen und gezwungenermaßen eine Entscheidung herbeizuführen. Dabei vernachlässigte sie den Gedanken daran, welches Geschenk ihr Arbeitgeber für sie bereithielt und welche Möglichkeiten zur Selbstverwirklichung ihr damit geboten wurden. Ihre Überlegungen kreisten um die Loslösung vom Elternhaus, insbesondere von ihrem Vater. Von seinem Rat wollte sie deshalb ihre Entscheidung abhängig machen. Sie übersah dabei völlig, daß gerade in der jetzigen Situation von *ihr* ein energischer, eigenständiger Entschluß gefordert war.

Sie erkannte in dem Kartenbild wieder, daß ihr Leben bis zu diesem Zeitpunkt in geordneten Bahnen verlaufen war, ohne daß es für sie größere Schwierigkeiten zu überwinden gegolten hätte. Im Hinblick auf die aktuelle Situation wähnte sie bereits, daß diese Loslösung aus den bisherigen Bahnen in ihr einen Prozeß des Wachstums und der eigenen Reife auslösen würde, was ihr Leben in noch ungeahnter Weise bereichern könnte.

Aus diesem Grunde sandte sie auch Signale nach außen, um von anderen Unterstützung bei der Entscheidungsfindung zu erhalten. Sie wartete darauf, daß ihr jemand ein „Rezept verschreiben“ würde, doch sahen ihre Verwandten und Bekannten in den gebotenen Möglichkeiten für die Ratsuchende vor allem die Chance, in ihrer beruflichen persönlichen Entwicklung einen großen Schritt weiterzukommen. Deshalb gingen die Ratschläge, die sie erhielt, auch vorwiegend in die Richtung, daß sie das Angebot annehmen sollte. Insgeheim sehnte sie sich aber danach, daß ihr auch einmal jemand den Rat geben würde, dies nicht zu tun. Gerade die fast einstimmige Meinung aus ihrem Umfeld steigerte ihre Angst, alles bis dahin erreichte zu verlieren. Ihre gewohnte Umgebung, die bisherige Sicherheit, Familie und Freunde würden weit von ihr entfernt sein und somit auch das Gefühl der Geborgenheit. Obwohl sie eine kontaktfreudige Person war, ängstigte sie sich davor, an ihrer neuen Arbeitsstelle keinen Anschluß zu finden.

Die letzte Karte zeigte sehr deutlich, daß, egal welche Entscheidung sie in dieser Frage nun tatsächlich treffen würde, sie sehr viel über sich selbst erfahren würde, und daß sie dabei auch manchen unangenehmen Weg in Kauf nehmen müßte. Die weitere Entwicklung von ihr würde eine Überprüfung ihrer Wünsche und Gedanken und auch den ehrlichen Umgang mit sich selbst fordern.

Die Karten gaben ihr also sehr versteckt einen Hinweis darauf, welchen Weg sie für ihren persönlichen Werdegang wählen sollte, doch war es wichtig, daß sie eine Entscheidung im Einklang mit sich selbst traf. Auch die Kartenlegung sagte ihr nicht eindeutig, was sie zu tun oder zu lassen hatte, sie war nur die Vorbereitung auf die Reise nach Innen, um die eigene Einstellung zu überprüfen.

Wenige Tage später teilte sie mir mit, daß sie das Stellenangebot angenommen habe und in einem Monat auf große Reise zu ihrer neuen Arbeitsstelle ginge. Ungefähr zwei Jahre später meldete sie sich noch einmal und erzählte, daß sich ihre Befürchtungen nicht bewahrheitet hätten; daß das Verhältnis zu ihren Eltern durch die Distanz noch inniger geworden sei und daß sie sich auch immer ganz besonders darauf freue, wenn sie in Deutschland sei, sich mit ihren alten Freunden und Bekannten zu treffen. Durch ihre Arbeit im Ausland war sie in Kontakt mit vielen anderen Menschen gekommen und hatte über diesen Austausch sehr viel über sich selbst gelernt und Selbständigkeit erworben, wie dies bei ihrem Verbleib am Heimatort

„vielleicht nie geschehen“ wäre. Sie fühlte sich ausgeglichen und durchaus in der Lage, ihr „Leben jetzt selbst zu regeln“, wobei sie mit Freuden gerade vor wenigen Tagen für ihre Firma eine neue Stelle an einem Arbeitsort angenommen hatte, an dem die Arbeitsbedingungen und auch die Umstellung auf die regionalen und klimatischen Gegebenheiten eine ganz besondere Herausforderung darstellten. (Dort lernte sie im übrigen auch ihren Mann kennen, den sie im letzten Jahr geheiratet hat.)

Das grosse Kartenbild

Mische die Karten gründlich durch, und lege alle 36 Karten für das große Kartenbild in der folgenden Reihenfolge aus (siehe Abbildung). Dabei bildest Du vier Reihen mit je neun Karten, die Bildseite kannst Du direkt offen auflegen. Achte nun darauf, daß die männliche Hauptperson nicht am rechten Rand des großen Kartenbilds liegt und die weibliche Hauptperson nicht unmittelbar am linken Rand. Wenn eine der beiden Karten auf dieser für sie ungünstigen Position liegt, wirst Du über deren weiteres Geschick nichts erfahren können. Wenn Du aller-

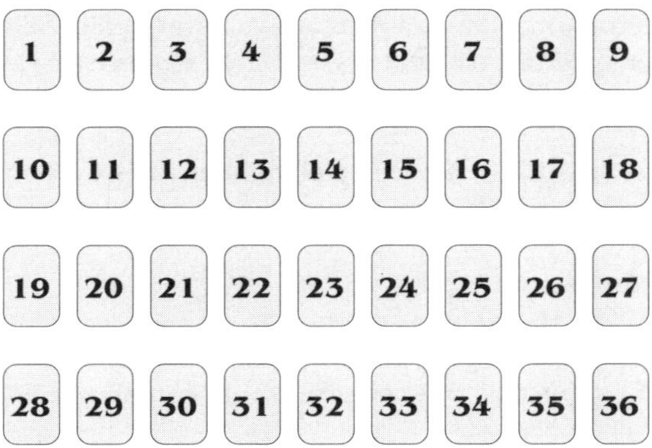

dings nur an der Analyse der vergangenen Ereignisse interessiert bist, kannst Du das Kartenbild gleichwohl verwenden. Im anderen Fall bleibt Dir nichts anderes übrig, als die Karten noch einmal neu zu mischen und auszulegen. Sollten die männliche und/oder die weibliche Hauptperson dann erneut an der jeweils ungünstigen Randseite liegen, verschiebe die Kartenlegung, und versuche es einige Tage später noch einmal.

Falls das Kartenbild Dir aber keine Schwierigkeiten in dieser Hinsicht bereitet, solltest Du mit der Deutung der Linien über und neben den Hauptpersonen beginnen. Beachte dabei die Regeln, die zu Beginn des Kapitels aufgeführt wurden, und lasse Dich bei der Interpretation von Deiner Intuition leiten. Falls Du einmal unsicher bist, schlage ruhig im Buch nach, und präge Dir die Stichworte zu der jeweiligen Karte noch einmal ein, oder suche unter den Kartenkombinationen, ob Du anhand der dort beschriebenen Anhaltspunkte einen Hinweis auf den Inhalt der Karte erhältst.

Wenn Du das erste Mal mit diesem Legesystem arbeitest, bist Du vielleicht verwirrt aufgrund der Vielzahl an Kombinationsmöglichkeiten, die sich bei dem großen Kartenbild auftun. Laß Dich davon nicht entmutigen, sondern nimm dies als Anreiz, um tiefer in die Welt der Kartensymbolik einzutauchen und mit einem Kartenspiel etwas mehr über Dich und Dein Wesen zu erfahren.

Auch hier soll Dir ein **Beispiel aus der Praxis** die Legemethode verdeutlichen:

1. Reihe von links nach rechts
Nr. 20 (Haus), Nr. 23 (Gericht), Nr. 4 (Zusammenkunft), Nr. 3 (Ehestandskarte), Nr. 26 (Großes Glück), Nr. 36 (Die Hoffnung, großes Wasser), Nr. 32 (Kummer und Wider-

20	23	4	3	26	36	32	31	15
13	24	16	29	8	21	19	14	27
7	28	2	12	1	35	30	34	11
17	33	18	22	25	6	10	5	9

wärtigkeiten), Nr. 31 (Kurze Krankheit), Nr. 15 (Guter Ausgang in der Liebe).

2. Reihe von links nach rechts
Nr. 13 (Reicher guter Herr), Nr. 24 (Diebstahl), Nr. 16 (Seine Gedanken), Nr. 29 (Gefängnis), Nr. 8 (Falsche Person), Nr. 21 (Wohnzimmer), Nr. 19 (Ein Todesfall), Nr. 14 (Traurige Nachricht), Nr. 27 (Unverhofftes Geld).

3. Reihe von links nach rechts
Nr. 7 (Angenehmer Brief), Nr. 28 (Erwartung), Nr. 2 (weibl. Hauptperson), Nr. 12 (Reiches Mädchen), Nr. 1 (männl. Hauptperson), Nr. 35 (Ein langer Weg), Nr. 30 (Gerichtsperson), Nr. 34 (Arbeit), Nr. 11 (Viel Geld gewinnen).

4. Reihe von links nach rechts
Nr. 17 (Geschenk bekommen), Nr. 33 (Trübe Gedanken), Nr. 18 (Ein kleines Kind), Nr. 22 (Militärperson), Nr. 25 (Zu hohen Ehren kommen), Nr. 6 (Gute Dame), Nr. 10 (Eine Reise), Nr. 5 (Guter Herr), Nr. 9 (Eine Veränderung).

Das Kartenbild entstand in einer Legung für eine Frau, die hinsichtlich des Themas, zu dem sie die Karten befragen wollte, zuvor keine Aussage machte, da sie beabsichtigte, erst einmal die Interpretation des Gesamtbilds abzuwarten. (Dies ist übrigens eine Situation, mit der Du wahrscheinlich häufiger konfrontiert wirst. Es gibt viele Leute, die erst einmal sehen wollen, ob Du mit Deiner Deutung den Kern der Sache treffen kannst!)

Aus dem Gesamtbild wurde deutlich, daß die Frau sich in einer Liaison mit einem gleichaltrigen Mann (nennen wir ihn X) befand, jedoch nun einen anderen, etwas älteren Mann (nennen wir ihn Y) kennengelernt hatte, mit dem sie eine engere Beziehung eingehen wollte. Beide Partner hatten für sie einen jeweils eigenen Reiz, so daß sie sich Gedanken darüber machte, ob sie die Beziehung zu dem reiferen Partner intensivieren sollte. Y, auf den sich ihr Augenmerk nun konzentrierte, war ein „eingefleischter Junggeselle“. Obwohl er sein Ideal einer liebevollen Beziehung in sich trug, hatte er Bindungsängste, die aus seinem Elternhaus resultierten. Die Dissenzen zwischen den Eltern hatten ihm in jungen Jahren arge Probleme bereitet, so daß er zwar lockere Beziehungen pflegte, aber bisher nicht das Idealbild „seiner“ Frau gefunden hatte, mit der er eine enge Verbindung eingehen wollte. So richtete er seine Energien auch zunächst auf seine beruflichen Tätigkeiten, ohne dabei jedoch großen Ehrgeiz zu entwickeln oder Wert auf Status zu legen.

Die Beziehung zwischen den beiden Hauptpersonen entspann sich zunächst recht unverfänglich, verfestigte sich dann aber bald, wobei sie hauptsächlich auf der sexuellen Anziehungskraft beider Partner basierte. Beide Seiten hatten den Eindruck, eine Partnerschaft zu führen, die aufgrund der gemeinsamen intensiven Erlebnisse Bestand haben könnte. Dabei zeigte sich jedoch, daß der Mann das Bild seiner Partnerin idealisierte und den Gedanken hegte, jetzt die richtige Frau gefunden zu haben. Er projizierte ein Bild auf sie, dem sie tatsächlich nicht entsprach.

Die Frau führte während der ganzen Zeit also zwei Beziehungen weiter, wobei sie es vermied, daß einer ihrer Partner etwas von der Existenz des anderen erfuhr. Ihr Bild von Y resultierte hauptsächlich aus ihrer naiven Vorstellung von ihm. Er entsprach eher der väterlichen Figur, an die sie sich in kindlicher Manier anlehnen und von der sie in vieler Hinsicht noch etwas lernen konnte. Trotzdem konnte sie sich von ihrem gleichaltrigen Freund und Geliebten X nicht trennen und setzte die Treffen mit ihm fort.

Obwohl nun die Gemeinsamkeiten zwischen ihr und Y hauptsächlich in der sexuellen Beziehung lagen und auf projizierten Vorstellungen und verdrängten Sehnsüchten beruhten, dachten beide darüber nach, die Beziehung mit einem Trauschein zu legalisieren. Es zeigte sich jedoch, daß die Verbindung bei aller erotischer Anziehungskraft beide Partner einengen würde, was ihnen in gewissem Sinne auch bewußt war. Stärker war trotzdem noch der vorherrschende Wunsch, miteinander eine intensive intime Beziehung zu führen, in der beide Partner aufgehen konnten, um ihr scheinbares Ideal eines Partners und einer Beziehung wie auch die eigenen Bedürfnisse verwirklicht zu sehen.

Zu der Darstellung und Interpretation stimmte mir die Fragestellerin im allgemeinen zu, jedoch sträubte sie sich gegen die Vorstellung, daß sie und Y voneinander ein falsches Bild besäßen und daß die Beziehung über die sexuelle Anziehungskraft hinaus keine gemeinsamen Interessen entwickeln könnte. Innerlich hatte sie sich bereits dazu entschlossen, die Ehe mit Y einzugehen, schränkte jedoch ein, daß es ihr schwer fallen würde, die Beziehung zu X zu beenden.

Wenige Wochen später heiratete sie Y, der jedoch bald entdeckte, daß seine Vorstellungen von ihr sich nicht mit ihrem tatsächlichen Wesen deckten. Nachdem dann schließlich mehrere Wochen voller heftiger Streitereien vergangen waren, traf sie sich wieder mit X und zog etwas später aus der gemeinsamen Wohnung mit Y aus. Ihre Ehe mit Y hatte gerade einmal ein Vierteljahr gedauert. Für sich selbst und ihr Leben konnte sie allerdings einige wichtige Lehren aus der Beziehung ziehen, für die sie ohne dieses Geschehnis vermutlich nicht aufnahmefähig gewesen wäre.

Hier zeigt sich recht deutlich, daß die Karten ein bestimmtes Bild von einer Situation, deren Hintergründen und Entwicklungen aufgezeigt haben, daß jedoch die freie Willensbildung in dem Fall der Frau immer noch die Wahl ließ, sich auf das Wagnis dieser Ehe einzulassen oder nicht. Sie hätte die freie Entscheidung treffen können, auf die Beziehung zu Y zu verzichten und sich damit einiges Leid zu ersparen, doch ihre Wahl fiel auf diesen schmerzhaften, aber wohl notwendigen Lernprozeß.

Symbole

Das Symbol ist ein Sinnbild, das mit seinen Inhalten in der Regel nicht den dargestellten Gegenstand bezeichnet, sondern darüber hinaus als Zeichen eine große Gesamtheit von Bedeutungen umfaßt, die den Eingeweihten in eine Bildersprache bezeichnet, was sich hinter einer verschlüsselten Botschaft versteckt. Symbole können als Erkennungszeichen gebraucht werden, wie dies zum Beispiel bei den frühen christlichen Gemeinden das Fischmotiv (für griechisch „Ichthys", als Akrostichon für **I**esous **Ch**ristos **T**heou **H**yos **S**oter = Jesus Christus, Gottes Sohn, Erretter) war. Dieses und ähnliche Beispiele lassen sich in allen Hochkulturen finden, ob in religiöser oder in profaner Hinsicht. Selbst in der heutigen Zeit ist die Symbolsprache noch weit verbreitet, wobei sich die esoterischen Inhalte zumeist auf Überlieferungen stützen, die teils Jahrhunderte alt sind, manchmal aber auch erst in der neueren Zeit geprägt wurden.

Die Ausdeutung der Symbole ist gerade im Bereich des Kartenlegens, der Astrologie, des I Ging, der Runenkunde und bei vielem anderen mehr ein Schwerpunkt der Arbeit. Auch bei der Erstellung von Talismanen kommt den Symbolen von jeher eine große Bedeutung zu. Manchmal wirst Du vielleicht ein „Aha-Erlebnis" haben, wenn Du entdeckst, welche Bedeutung hinter einem Symbol steckt, dem man für gewöhnlich keinen großen Sinngehalt beimißt. Folgend findest Du in Stichworten die Inhalte zu einigen Symbolen, denen bei den Kipper-Karten eine Bedeutung zukommt. Dies können für Dich jedoch nur Anhaltspunkte zur Interpretation der Karten sein, denn die Symbole in der Tiefe ihres Sinngehalts zu beschreiben würde den Umfang des Buchs bei weitem sprengen. Doch auch wenn Dir diese kurze Beschreibungen am

Anfang nur ein klein wenig den Weg weisen können, wirst Du bald feststellen können, daß die Welt der Symbole noch vieles zu erforschen bietet.

Achtzahl	Kosmos, Anfang, Neubeginn, Unendlichkeit
Acker/Feld	Fruchtbarkeit, Erhaltung des Lebens
Anker	Glauben und Hoffnung
Berg/Gebirge	Verbindung zwischen Himmel und Erde; Bewältigung von Problemen, Festigkeit
Bild/Gemälde	Festhalten des Augenblicks, Sprache der Seele
Blumen	Wachstum, Schönheit, Seelenträger
Blumenkranz	Auszeichnung, Unschuld, Vollkommenheit, Schadensabwehr
Buch	Geheimes, göttliches Wissen
Dreizahl	Überwindung von Schwierigkeiten, allumfassende Vollkommenheit
Efeu	Leben und Unsterblichkeit
Einzahl	Göttlichkeit, Ewigkeit, Schöpfung
Eros/Amor	Schöpfung, Zeugung in und aus der Harmonie
Fächer	Leben: hier zusätzlich: Verschlossenheit
Fels	Unerschütterlichkeit
Fenster	Verbindung zwischen Innen und Außen (Diesseits und Jenseits)
Fisch	Traum, Phantasie, das Selbst
Fortuna (Tyche)	Glück und Willkür
Füllhorn	Fruchtbarkeit und Überfluß
Fünfzahl	Erfordernis, Unentbehrlichkeit
Gefäß/Krug/Becher	Schwangerschaft und Geburt (Darinnensein und Herauslassen)
Grenze/Mauer	Halt, Schranke, Abwehr des Bösen
Gürtel	Macht, geistig-moralische Bindung
Haus	Lebensmitte des Menschen, Symbol des Kosmos

Hund	Treue, der Wächter der Schwelle
Kerze	Erhellung, Kampf gegen die Dunkelheit
Kind	Auferstehung, Neubeginn
Kirche	Der Ort, zu dem Seele, Herz und Geist gerichtet sind
Krankheit	Aufforderung zur inneren Umkehr, Störungen
Lampe/Licht	Anwesenheit des göttlichen Wesens
Mantel	Schutz
Münze	Kredit, Sinnbildträger
Mütze/Hut	Zeichen der Herrschaft
Neunzahl	höchste Vollkommenheit, Kraft
Ofen	Wandlung, Läuterung
Pantoffel	Besitzergreifung
Pfeil	Hier: Liebe
Pferd	Triebe, Leidenschaft, aber auch Hochmut
Rauch	Wegweiser
Ring, Reif	Bindung
Rose	Liebe, Tod, Verschwiegenheit
Schiff/Boot	Leben, Reise, Überfahrt
Schirm	Schutz (in der Traumdeutung auch als Phallussymbol zu sehen)
Schlüssel	Öffnen und Schließen, Vollmacht
Schreiben/Brief	Die Zusammenfassung der gesamten Welt in den Buchstaben des Alphabets (griech.: **A**lpha und **O**mega); Umsetzung des göttlichen Willens in das Wort
Schwert	Macht durch Wahrheit und Erkenntnis, Phallussymbol
Sechszahl	Zusammenfall der Gegensätze
Siebenzahl	Universelle Vollendung
Siegel	Unantastbarkeit
Sonne	Die Verkörperung der Dualität: Geburt und Tod, Unheil und Heilung
Spiegel	Offenbarung, verborgene Wirklichkeit

Storch	Elternliebe; überbringt Glück, Wohlstand und Kinder
Taube	Liebe, Fruchtbarkeit, Seelenvogel
Turm	Verbindung zur oberen Welt, Spiritualität
Uhr	Vergänglichkeit, Tod – aber auch Beständigkeit und Angemessenheit
Vierzahl	Ganzheit, kosmische Ordnung
Wagen	Symbol des Übergangs von einem Zustand in den anderen
Weg	Lebenswandel, Situation der Entscheidung
Wolken	Bringer von Fluch oder Segen
Zehnzahl	Das abgeschlossene Ganze, Kreislauf, Heiligkeit
Zweizahl	Unvollkommenheit, Spaltung

Die Deutung der Kipper-Karten

2 Weibliche Hauptperson

1 Männliche Hauptperson

Der Fragesteller/Die Fragestellerin bzw. die Partner

Beschreibung der Karten

Die männliche Hauptperson zeigt sich hinsichtlich der Körperhaltung von der rechten Seite im Profil. Das Gesicht hat er in Richtung des Betrachters gewandt. Er steht mit dem Rücken zur linken Bildseite.

Die weibliche Hauptperson sitzt auf einem Stuhl mit hoher Rückenlehne, dem Betrachter über ihre linke Seite leicht zugewandt. Auch ihr Blick geht in Richtung des Betrachters. Ihre linke Hand, in der sie einen geschlossenen *Fächer* hält, ruht auf ihrem rechten Bein. Mit ihrer rechten Hand, mit der sie eine *Rose* gefaßt hat, stützt sie sich leicht auf einem kleinen Tischchen ab. Ihr Rücken ist der rechten Bildseite zugerichtet.

Grundsätzliche Deutung der Karte

Beide Karten sind als Indikator für einen weiblichen oder einen männlichen Fragesteller zu sehen. Die jeweils andere Karte steht dann für einen (Wunsch-)Partner, in gleichgeschlechtlichen Beziehungen wird die Karte des Partners/der Partnerin dann jedoch durch die Karte „Gute Dame" oder „Guter Herr" ersetzt.

Beachtenswert bei der Deutung der Karte

Je nach Kartenlage befinden sich die Hauptpersonen von Angesicht zu Angesicht oder Rücken an Rücken. Dies gibt bereits Aufschluß über das Verhältnis, das beide Personen zueinander haben. Normalerweise gilt, daß alle Karten, die im Rücken der jeweiligen Personenkarte liegen, auf deren Vergangenheit hindeuten, und die Karten, die sie anblicken, auf die zukünftigen Ereignisse. Werden die Karten vor dem Spiel als Indikatoren herausgenommen, dann gilt die in den Legetechniken beschriebene Verfahrensweise. Bleiben die Karten jedoch im Spiel (beispielsweise Großes Kartenbild), dann sind die horizontalen, vertikalen und auch diagonalen Linien, in der beide Karten erscheinen, genau zu betrachten. Hier kehrt sich bei der weiblichen Hauptperson diese Deutungsregel um (einzige Ausnahme!), denn ihre Zukunft liegt auf der linken Bildseite und ihre Vergangenheit auf der rechten. Liegt nun also die männliche Hauptperson in einer Deutungslinie neben der weiblichen Hauptperson, aber Rücken an Rücken, dann haben diese beiden Personen sich momentan nicht viel zu sagen, weil sie sich beide voneinander abgewendet haben. Umgekehrt ist es, wenn beide Hauptpersonen sich anschauen, denn dies zeigt eine Hinwendung zu dem Partner und eine intakte Beziehung.

Die Hauptpersonen haben als Karten keine eigenständige Bedeutung und müssen deshalb immer durch Karten ergänzt werden, wenn in einem Kartenbild nicht alle 36 Spielkarten ausgelegt werden.

Nachfolgend findest Du einige Hinweise, welche Bedeutung die Personenkarte in der Verbindung mit anderen Kipper-Karten erhält. Das ist dann das Thema, um das es in der Fragestellung geht. Manche Begriffe sind mehrfach, also bei verschiedenen Karten, zu finden. Dies hängt damit zusammen, daß eine bestimmte Tendenz in beiden Karten vorhanden ist. Die tiefere Qualität der Karte wird Dir jedoch durch die ergänzenden Begriffe deutlich werden, so daß Du mit ein wenig Übung erkennen kannst, wann welche der Definitionen zu verwenden ist und wo die inhaltlichen Unterschiede liegen.

Kurze Deutungshinweise mit anderen Karten

3	Ehestandskarte	(Vertragliche) Partnerschaft, enge Beziehung
4	Zusammenkunft	Treffen, Gesellschaft, Verabredung
5	Guter Herr	Polarität: Fürsorge und Strenge, Krise und Heilung, Stärke und Milde
6	Gute Dame	(Weiblicher) Beistand, Mütterlichkeit, Schutz, Wärme
7	Angenehmer Brief	Informationen, Schriftstücke, Verträge, Nachrichten
8	Falsche Person	Falschheit, Hinterhalt, Zwist, Gerede, Rat
9	Veränderung	Wandel, Veränderung
10	Reise	Aufbruch, Fernweh, (Lebens-)Reise
11	Viel Geld gewinnen	Glück, Geld, kleine Gewinne
12	Reiches Mädchen	Naivität, Unerfahrenheit, Leichtsinn
13	Reicher guter Herr	Produktivität, Geschäftstüchtigkeit, Lässigkeit
14	Traurige Nachricht	Benachrichtigung, Meldung, Mitteilung, Emotionen
15	Guter Ausgang in der Liebe	Freundschaft, Intimität, Liebe
16	Seine Gedanken	Unstimmigkeiten, Unklarheiten, Ungewißheit
17	Ein Geschenk bekommen	Ein Geschenk, materiell oder emotional; Glück, das Gute im Leben
18	Ein kleines Kind	Unschuldigkeit, Neubeginn, Kind, etwas Neues
19	Ein Todesfall	Beendigung, Abschluß, Neubeginn, Transformation
20	Haus	Basis, Herkunft, Selbstvertrauen
21	Wohnzimmer	Heim, die Privatsphäre
22	Militärperson	Ordnung, Sicherheit, Disziplin, Verantwortung
23	Gericht	Zwist, Trennung, Ernte, Entscheidung
24	Diebstahl	Diebstahl, Verlust, List, (Selbst-)Betrug

25	Zu hohen Ehren kommen	Schicksal, Wende
26	Großes Glück	Glück, Licht, Zuversicht, Fülle
27	Unverhofftes Geld	Segen, Wohltaten, Geld, Wachstum
28	Erwartung	Einstellung, Erwartungshaltung
29	Gefängnis	Isolation, Abgeschiedenheit, Irrtum
30	Gerichtsperson	Krach/Differenzen und auch (rechtlicher) Beistand
31	Kurze Krankheit	Gesundheit – Krankheit, körperliche und seelische Beeinträchtigungen
32	Kummer und Widerwärtigkeiten	Warnung, Kummer, drohendes Unheil
33	Trübe Gedanken	Verborgene Gedanken, Unsicherheit, Heimlichkeiten
34	Arbeit	Problem(-bewältigung), Herausforderung, Belastung, Arbeit
35	Ein langer Weg	Entscheidung, langwierige Entwicklung
36	Die Hoffnung, großes Wasser	Das Unbewußt-Sein, tiefe Hoffnungen und Ängste, Lebensträume, das wahre Selbst

3 Ehestandskarte

(Vertragliche) Partnerschaft, enge Beziehung

Beschreibung der Karte

Auf der Karte ist ein Pärchen mittleren Alters dargestellt, dessen vertraute Verhaltensweisen den Eindruck einer intimen Partnerschaft vermitteln. Der Leibesumfang der Frau deutet an, daß sie in absehbarer Zeit ein Kind erwartet.

Das Pärchen steht, mit den Köpfen leicht einander zugewandt, an einen *Mauer*vorsprung angelehnt. Im Hintergrund des Bildes wird der Blick freigegeben auf einige Büsche und Bäume sowie ein dahinter (aber entfernt) liegendes *Gebirge*.

Grundsätzliche Deutung der Karte

Für Dich beginnt eine Zeit vertrauten Beisammenseins mit anderen Menschen, die Dir lieb und wichtig sind und die Du sehr nah an Dich heranlassen möchtest, denn die Karte gibt Hinweise auf den sehr vertrauten Umgang von (zwei) Menschen. Dies kann für Dich eine sehr enge geschäftliche Beziehung bedeuten, die Dir eine Art von Erfüllung bringt, aber auch eine beglückende Partnerschaft kann hiermit gemeint sein. Dabei mußt Du nicht von einer konventionellen „Ehe“ ausgehen, wenn Dir der Begriff nicht zusagt, denn auch beispielsweise eine Lebens-, Arbeits- oder Wohngemeinschaft, eben ein eingespieltes Team, zeigt sich in der Karte. Auf jeden Fall handelt es sich dabei um eine sehr intime Verbindung, die Dir Momente gemeinsamen Glücks beschert.

Partnerschaft: Hier geht es für Dich um die Legalisierung und Konkretisierung einer Beziehung. Es ist Dir daran gelegen, die Partnerschaft, die Du bisher erfahren hast, zu vertiefen, und Du bist bereit, Deine Gefühle noch intensiver zuzulassen und zu erfahren, als Du es bis dahin getan hast. Achte darauf, auf welcher Position eines Legesystems die Ehestandskarte liegt, denn dies zeigt an, ob Du Dich gedanklich und/oder mit dem Herzen mehr zu einer bestimmten Person hingezogen fühlst oder ob es Tendenzen gibt, die Dich im Moment nicht zufriedenstellen und von denen Du Dich abwendest.

Selbsterkenntnis und Hintergründe: Denke einmal darüber nach, welchen Verflechtungen Du Dich in Deinen Partnerschaften bisher scheinbar immer wiederkehrend unterworfen hast. Dies sind die Beziehungen, in denen Du Dich fragst: „Warum immer ich?" Es ist, als ob Du Dich im Kreis drehen würdest, und immer wieder triffst Du auf einen bestimmten Typus Partner oder auch Vorgesetzten, mit dem Du fast annähernd die gleichen Probleme hast wie bei *„dem"* oder sogar *„denen"* zuvor. Du sehnst Dich innerlich nach Anerkennung, Liebe und Harmonie, und Du erhoffst Dir einen Partner, der diese Bedürfnisse erfüllen kann. Um diesen zu finden, sendest Du (unbewußt) Signale aus, auf die der andere reagiert. Hinterfrage die Signale, die Du an Dritte sendest, und überlege, was Du aussenden möchtest und wie man Dich vielleicht auf die eine oder andere Weise – also in Deinen Augen falsch – verstehen kann.

Konflikte: Deine Gefühle sind reine Energie, die frei fließen möchte. Wenn es Personen gibt, die Deine Art zu reden oder zu fühlen nicht verstehen, dann ist der Energiefluß zwischen Euch beiden gehemmt, und es findet kein Austausch statt. Deine Gefühle können so nicht aus Dir heraus, weil Du sie nicht auf eine dem anderen verständliche Weise mitteilen kannst, und umgekehrt empfindest Du es genauso. In solchen Situationen verspürt man die ganze Wucht der eigenen Emotionen wie ein aufziehendes Gewitter. Zunächst scheint am Himmel noch alles wolkenlos schön, doch man merkt bereits das erste Flirren in der Luft, eine ganze Zeit muß noch vergehen, bis sich das Gewitter in einem gewaltigen Spektakel aus Blitz und Donner entladen kann, doch in diesem Moment gibt es vor dem Unwetter kein Entrinnen. Sicherlich ist dieses sprachliche und emotionale Gewitter reinigend für die Beziehungs-Luft, doch vollzieht es sich meistens recht unsanft, und es bleibt zumeist an irgendeiner Stelle verbrannte Erde zurück. Versuche, neue Wege zu finden, um mit anderen zu kommunizieren, ihre Gefühle zu verstehen und Deine Emotionen zu vermitteln.

Hoffnungen und Ängste: Sich in eine Partnerschaft zu begeben, in der man sich offen und ganz als man selbst verhalten kann, ist wohl der Wunsch eines jeden. So liegt auch Deine Hoffnung in einer erfüllenden Beziehung, in der Du Deine Energien für den anderen einsetzen kannst, von dessen Energien Du wiederum gestärkt wirst. Doch diese Erwartungen an eine Partnerschaft erfüllt uns bisweilen auch schon einmal mit Angst, denn um die eigenen Energien weitergeben zu können, bedarf es auch Mut und Stärke. Es schleichen sich gerne Befürchtungen ein, die uns zurufen „Was ist, wenn ich nicht das zurückerhalte, was ich gebe?“ Es ist verständlich, wenn Du Angst davor hast, Deine Gefühle an jemanden weiterzugeben, der sie nicht erwidert, doch konzentriere Dich zunächst alleine auf den freien Fluß Deiner Emotionen. Wenn es Dir hilft, dann visualisiere sie als einen farbigen Strom freier Energie. Auch wenn Du zunächst ganz genau auf jedes Fünkchen Deiner Energie achtest, sei Dir bewußt, daß Du sie ruhig verschenken kannst, ohne daß sie Dir verloren geht, denn sie erneuert sich aus Dir selbst heraus. Sei großzügig mit Deinen positiven Gefühlen und öffne Dich für die guten Energien, die andere Dir entgegenbringen.

Beachtenswert bei der Deutung der Karte

Nicht immer muß mit der Ehestandskarte ein (neuer) Partner gemeint sein. Wäge ab, ob es sich vielleicht eher um eine sehr intensive geschäftliche Verbindung handelt oder um eine anders gestaltete private Beziehung.

Solltest Du Dich aber gerade auf der Suche nach einem Partner befinden, dann ist die Zeit für glückliche Gefühle im Moment sehr günstig. Doch sei nicht zu euphorisch, denn nicht jeder Frosch, der durch die Tür hüpft, ist ein Märchenprinz! Sei offen und genieße es, Deine eigenen Emotionen neu zu erfahren und sie fließen zu lassen. Wenn Deine Energiekreise harmonisch strömen, wird sich bald auch alles andere regulieren.

Kurze Deutungshinweise mit anderen Karten

4	Zusammenkunft	Du erhoffst Dir von dem Treffen eine Verbesserung und Vertiefung der Beziehung (geschäftlich und/oder privat)
5	Guter Herr	Gute Zeiten für die Liebe
6	Gute Dame	Eine kleine Warnung vor einer festen Beziehung (prüfe, ob die Grundlage dieser Beziehung stimmt, und dann erwäge Dein eigenes Urteil)
7	Angenehmer Brief	Eine Einladung zu einer Hochzeit/ Verlobung/einem gesellschaftlichen Anlaß
8	Falsche Person	Man redet schlecht über Deine Beziehung (zum Partner, zu Verwandten o. ä.), jemand versucht, in Deine Beziehung einzudringen, zu intrigieren.
9	Veränderung	In der Partnerschaft (geschäftlich oder privat) verändert sich etwas
10	Reise	Eine Hochzeitsreise/Eine Reise, die zu einer geschäftlichen Verbindung führt/ Ein Job in der Reisebranche
11	Viel Geld gewinnen	Man bemüht sich, eine Beziehung zu festigen
12	Reiches Mädchen	Eine übereilte, unüberlegte Partnerschaft
13	Reicher guter Herr	Eine fruchtbare Beziehung – man erreicht zusammen sehr viel
14	Eine traurige Nachricht	Eine freudige Nachricht von einer nahestehenden Person, evtl. eine Heirat oder eine ähnliche Verbindung
15	Guter Ausgang in der Liebe	Eine feste, intakte Beziehung, in die derzeit niemand einzudringen vermag

16	Seine Gedanken	Man ist sich hinsichtlich einer Beziehung (geschäftlich oder privat) nicht ganz schlüssig
17	Geschenk bekommen	Ein Geschenk zu einer Hochzeit
18	Ein kleines Kind	Eine neue Partnerschaft – oder eine neue (positive) Veränderung (= Festigung) der Partnerschaft
19	Ein Todesfall	Eine Partnerschaft wird beendet; in umgekehrter Legeweise: die Beendigung einer Sache oder Situation führt zu einer Partnerschaft oder einer neuen Lebensgemeinschaft
20	Haus	Eine Verbindung, die Stabilität verleiht
21	Wohnzimmer	Nach der Eheschließung bleibt man zu Hause (Hausmann/-frau); traute Zweisamkeit
22	Militärperson	Eine Vernunftehe
23	Gericht	Eine Partnerschaft wird getrennt – oder hier wird eine wichtige Entscheidung fällig (aktuelle und aktive Problembewältigung)
24	Diebstahl	Späte Heirat – oder erst späte berufliche Verbindungen
25	Zu hohen Ehren kommen	Eine Verbindung, die einen vom Status her wesentlich weiter bringt
26	Großes Glück	Diese Verbindung wird als das große Glück angesehen
27	Unverhofftes Geld	Die Legalisierung einer (nicht nur privaten) Partnerschaft führt zu einer guten Verbindung
28	Erwartung	Man hofft auf eine Heirat (oder eine enge geschäftliche Verbindung)
29	Gefängnis	Man fühlt sich in dieser Verbindung eingeengt

30	Gerichtsperson	Differenzen mit dem Partner/man scheidet sich
31	Kurze Krankheit	Eine „gesunde Beziehung“
32	Kummer und Widerwärtigkeiten	In der Partnerschaft gibt es eine große Krise – professioneller Rat ist nötig
33	Trübe Gedanken	Es droht Gefahr, daß sich jemand in eine Beziehung einschleicht
34	Arbeit	Die Beziehung ist stabil, doch man muß etwas dafür tun
35	Ein langer Weg	In der Ehe/Partnerschaft gibt es Probleme, die sich nicht ohne größeren Aufwand lösen lassen
36	Die Hoffnung, großes Wasser	Man hegt die Hoffnung auf eine „immerwährende“ Liebe/Partnerschaft

4 Zusammenkunft

Treffen, Gesellschaft, Verabredung

Beschreibung der Karte

Das Bild wird von einem Pärchen eingenommen, das sich zu einer privaten Verabredung in einem Wohnzimmer zusammengefunden hat. Die weibliche Person nimmt noch eine relativ reservierte Haltung gegenüber der männlichen Person ein, die ein etwas leidenschaftlicheres Verhalten an den Tag legt. Über den beiden befindet sich an der Wand ein *Bild*, das den Liebesgott *Amor* mit einem *Pfeil*, dessen Spitze von dem Pärchen abgewendet ist, zeigt.

Grundsätzliche Deutung der Karte

In der nächsten Zeit gibt es sehr viel Bewegung um Dich herum, denn private Treffen, Parties mit Freunden, gegenseitige Besuche und Rendezvous stehen auf dem Programm. Anziehung und Vereinigung stehen jetzt für Dich im Vordergrund, Du möchtest Dich austauschen, auf der spirituellen, emotionalen, intellektuellen und auch der erotischen Ebene.

Partnerschaft: Alle, mit denen Du in der nächsten Zeit in unmittelbaren Kontakt kommst, werden Deine sprühende Energie bemerken, mit der Du Deine Mitmenschen momentan einnimmst und sie begeisterst. Da ist jedoch nicht alleine Dein „Beziehungspartner“, sondern hierzu gehören ebenso Deine Eltern, Freunde, aber auch Arbeitskollegen und Geschäftspartner. Doch achte darauf, daß Du niemanden im Überschwang der Gefühle einfach so mit Deinen Ideen und Wünschen überrumpelst, wie auch Du Dich davor hüten mußt, Dich in die Ecke drängen zu lassen. Versuche, einen gleichmäßigen Austausch zu erzielen, damit alle Beteiligten harmonisch miteinander interagieren können.

Konflikte: Obwohl in der heutigen Zeit nicht mehr so strenge Verhaltensregeln bestehen wie noch vor wenigen Jahrzehnten, so gibt es doch Dinge, die man aus Takt- und Mitgefühl seinen Mitmenschen gegenüber unterläßt. Überlege, welche der beiden Personen auf dem Bild Du darstellen könntest. Neigst Du dazu, Deine Mitmenschen zu sehr zu bedrängen, so daß sie Dir kaum ausweichen können, weil Du Dir einfach nur schnell nehmen möchtest, was Du willst, bevor Dir jemand anders diese Sache, Gelegenheit oder Person abspenstig macht. Oder verhältst Du Dich eher schüchtern zurückgezogen und schockiert, wenn Du von anderen so bestürmt wirst, und wagst es aber nicht, Dich zu widersetzen, aus Scheu, daß Du die Zuneigung des anderen verlieren könntest.

Die Emotionen und Gedanken, die zwischen Dir und Deinen Mitmenschen in Bewegung sind, fließen nicht gleichmäßig, denn sie werden auf beiden Seiten mit ungleichmäßiger Intensität vorangetrieben. Dies führt zu Spannungen, denn zwangsläufig erlebt der schwächere Empfänger von beiden die hochdosierten Ausstrahlungen des starken Senders als bedrohlich, und im umgekehrten Fall nimmt der stärkere Empfänger von dem schwächeren Sender die Reaktionen kaum wahr und versucht wiederum gegenzusteuern. Dies führt zu einer Reihe von emotionalen Mißverständnissen und Spannungen, die in aller Regel nur Streß erzeugen.

Versuche, Dein Verhalten im Umgang mit anderen Menschen zu beobachten, und überlege für Dich, zu welchem Typus des Senders/Empfängers Du gehörst. Versuche, die Dosis Deiner Gefühle und Worte, die Du hier ausdrükken möchtest, Deinem Gegenüber anzupassen, um eine gleichförmige Schwingung zwischen Euch herzustellen. Somit wirst Du in Zukunft manchem Konflikt entgehen können.

Selbsterkenntnis und Hintergründe: Deine innersten Wünsche sind darauf ausgerichtet, Dich mit anderen freundschaftlich zu verbinden. Der Austausch von Gedanken und Gefühlen zieht Dich beinahe magisch an, und Dein Verlangen nach Erfüllung ist sehr groß. Doch halte einen Moment ein, und vergegenwärtige Dir, daß Du auch etwas geben mußt, um etwas empfangen zu können. Du mußt bereit sein, Deine Freundschaft, Liebe, Dein Vertrauen und Deine Offenheit an andere zu verschenken, um die gleichen hohen Gefühle offenbart zu bekommen. Laß Dich fallen, damit Du aufgefangen werden kannst; löse und verbinde Dein Wesen mit anderen, um selbst frei zu werden.

Hoffnungen und Ängste: Eine erfüllende Beziehung, ein Treffen, von dem alle Seiten profitieren, der harmonische Fluß von Informationen und Gefühlen sind die Hoffnungsaspekte dieser Karte. Ob geschäftliche oder private Treffen, wichtig ist uns die Hoffnung darauf, daß hier die Gemeinsamkeiten überwiegen und auch zukünftig noch Raum für weitere Treffen sein wird. Doch da spielt bereits die Angst vor Zurückweisung und Liebesentzug mit hinein, denn wenn wir uns falsch verhalten, weist man uns vielleicht die Tür, und ein nächstes Mal wird es wahrscheinlich dann nicht mehr geben. Ausgegrenzt und getrennt zu werden ist für jeden eine schlimme Vorstellung. Selbst heute benutzt man diese Sanktionen noch, um anderen zu zeigen, daß sie sich in einer Gemeinschaft falsch verhalten haben. Erforsche in Dir, welche Art von Ängsten Du hast, von anderen abgewiesen oder zurückgesetzt zu werden. Mache Dir diese bewußt, denn erst dann kannst Du sie durch die Liebe und die Offenheit Dir selbst gegenüber umwandeln und entkräften.

Beachtenswert bei der Deutung der Karte

Die Karte sagt zunächst nur aus, daß es sich um ein Treffen handelt, doch ob Du Dich mit Deinem Partner, einem Geschäftsfreund, Deinen Eltern oder Freunden triffst, wird erst durch die Nachbarkarten deutlich.

Manchmal zeigt die Karte auch Dinge im Verborgenen an, doch es bedeutet deshalb nicht zwangsläufig ein geheimes Treffen. Sei deshalb nicht ohne Not mißtrauisch, vielleicht organisieren gute Freunde auch nur eine Überraschungsparty für Dich.

Kurze Deutungshinweise mit anderen Karten

3	Ehestandskarte	Man erhofft sich von dem Treffen eine Verbesserung und Vertiefung der Beziehung (geschäftlich und/oder privat)
5	Guter Herr	Ein Treffen führt zu Konflikten; in umgekehrter Folge: ein Treffen löst Konflikte
6	Gute Dame	Die Warnung vor einem Treffen – oder Achtung während eines Treffens!
7	Angenehmer Brief	Diesem Treffen geht eine (schriftliche) Nachricht voraus
8	Falsche Person	Man versucht, Dich auszuhorchen
9	Veränderung	Man führt eine Veränderung durch, um dann ein Treffen arrangieren zu können/ Ein Treffen führt zu einer grundlegenden Veränderung
10	Reise	Ein Cluburlaub/Ein geselliger Urlaub
11	Viel Geld gewinnen	Ein (geschäftliches) Treffen verheißt einen großen Glücksgriff
12	Reiches Mädchen	Man geht schlecht vorbereitet zu diesem Treffen
13	Reicher guter Herr	Von diesem Treffen wird man profitieren
14	Eine traurige Nachricht	Eine Verabredung bzw. eine versprochene Nachricht oder Einladung verzögert sich wahrscheinlich noch
15	Guter Ausgang in der Liebe	Das Treffen führt zu einer innigen Liebesbeziehung
16	Seine Gedanken	Man ist sich nicht schlüssig, ob man die Verabredung wahrnehmen soll oder nicht
17	Geschenk bekommen	Ein Geschenk zu einem Rendezvous mitbringen/Die Freundschaft wird als Geschenk betrachtet

18	Ein kleines Kind	Ein neues/weiteres Treffen
19	Ein Todesfall	Ein Treffen erscheint sinnlos, die Situation ist bereits verfahren
20	Haus	Bei dieser Verabredung geht es um das Haus, die Basis
21	Wohnzimmer	Nette Freunde kommen zu Besuch
22	Militärperson	Ein Treffen verläuft ohne weitere (negative) Vorkommnisse
23	Gericht	Eine Zusammenkunft vor oder nach einer Trennung (Lage der Karte!)/Ein Treffen bezüglich dieser Entscheidung wird notwendig
24	Diebstahl	Diese Verabredung bedeutet Verluste
25	Zu hohen Ehren kommen	Dieses Treffen kann der Karriere förderlich sein
26	Großes Glück	Die Verabredung führt zu einer guten/erfolgreichen Lösung
27	Unverhofftes Geld	Die Partnerschaft/das Treffen ist der Gewinn/das Glück
28	Erwartung	Man erwartet ein Rendezvous oder ein geschäftliches Treffen
29	Gefängnis	Man fühlt sich durch gesellschaftliche Verpflichtungen eingeengt
30	Gerichtsperson	Differenzen unter Freunden/bei einem Treffen
31	Kurze Krankheit	Ein Krankenbesuch
32	Kummer und Widerwärtigkeiten	Ein Treffen bringt nichts Gutes mit sich/Vorsicht bei einem Treffen
33	Trübe Gedanken	Ein Treffen läuft anders ab, als erwartet – man versucht, Dich auszuhorchen oder hereinzulegen
34	Arbeit	Mit einem Treffen ist viel Arbeit verbunden; entweder in der Vorbereitungszeit oder im Anschluß daran – je nach Kartenlage!

35	Ein langer Weg	Dieses Treffen wird nicht in absehbarer Zeit stattfinden
36	Die Hoffnung, großes Wasser	Dieses Treffen soll dazu dienen, die innersten Wünsche zu erfüllen

5 Guter Herr

Polarität Fürsorge und Strenge, Krise und Heilung, Stärke und Milde

Beschreibung der Karte

In der Mitte des Bilds steht ein älterer Herr. In der linken Hand hält er seinen *Hut*, den rechten Arm hat er leicht angewinkelt. Er stellt sich dem Betrachter nicht vis-à-vis gegenüber und schaut ihn nicht direkt an, sondern wendet sich mit der rechten Körperhälfte etwas nach hinten. Seine Kopfhaltung ist nach links gerichtet, er blickt jedoch aus den Augenwinkeln in die rechte Richtung.

Grundsätzliche Deutung der Karte

Autorität, Kraft und schützende Macht – durch diese Qualitäten wird für Dich die nächste Zeit bestimmt sein. Der „Gute Herr" deutet dabei auf eine ältere männliche Person hin, wie sie beispielsweise durch den Vater, Großvater, Onkel oder einen väterlichen Freund verkörpert werden kann. Doch inhaltlich steht sie auch für Dein eigenes Machtbewußtsein und Durchsetzungsvermögen. Darüber hinaus wirst Du im Bereich dieser Karte aufgefordert, Kontakt mit Deiner inneren Führung aufzunehmen und Dich zu hinterfragen, wie Du selbst in Deinem Verhältnis zu Autorität und „Vaterherrschaft" stehst.

Partnerschaft: Du suchst auf der einen Seite nach dem starken, weisen und erfahrenen Mann in Deinem Partner, nach dem machtvollen Herrscher, der Dich in väterlicher Sorge umhegt und schützt, oder aber nach der heldenhaften, tollkühnen Amazone, die trotz ihres kämpferischen Wesens hohe weibliche Anziehungskraft besitzt. Doch Du projizierst ein Bild auf Deinen Partner, dem er oder sie wahrscheinlich nur schwer zu entsprechen vermag. Wenn Du dann bisweilen entdeckst, daß er diese Züge nicht in sich trägt, die Du immer in ihm oder ihr gesehen hast, reagierst Du entsetzt und enttäuscht. Hier neigst Du dann dazu, anstelle Deines Partners die von Dir erwarteten Handlungen vorzunehmen, wobei Du ihm oder ihr nachher wieder die Lorbeeren überläßt, um das Fehlende zu kompensieren und Dein Weltbild wieder zurechtzurücken.

Selbsterkenntnis und Hintergründe: Erkunde Dein Verhältnis zu Autorität und väterlicher Herrschaft. Zeichne für Dich (in Gedanken) ein Bild, auf dem Du darstellst, was Du mit dem Begriff „Vater“ verbindest. Wie wirkt sich Dein Vaterbild auf Deine eigenen, inneren Machtansprüche aus, wo lebst Du Deine eigene, natürliche Autorität? Überprüfe Deine Licht- und Schattenseiten, Deine Stärken und Schwächen. Beobachte Dich auch in Deinem Verhalten gegenüber anderen: Wo bewegst Du Dich in der „väterlichen Verhaltensskala“ zwischen beschützend, liebevoll, loyal und egoistisch, hart und selbstgerecht?

Konflikte: Du verfügst in Deinem Inneren über enorme Kräfte, deren Du Dir selbst noch nicht vollständig bewußt bist. Mit diesen Qualitäten wirkst Du auf andere Menschen und bist auch für deren Ausstrahlung empfänglich. Solange Euer Macht- und Autoritätsbedürfnis den Kreis des anderen nicht berührt und sich dementsprechend niemand einschränken muß oder durch den anderen eingeschränkt wird, tragen diese Beziehungen Früchte.

Sobald die Macht aber in andere Bahnen gelenkt wird und die Erfahrungen und die Kraft nicht mehr zum Wohle der Allgemeinheit dienen, sondern nur noch Mittel zum Zweck sind, um den eigenen Einflußbereich zu vergrößern, sind heftige Konflikte unausweichlich. Frage Dich hier, ob Du danach strebst, immer mehr Macht über andere zu erhalten, oder ob Du Dich Deinen Mitmenschen gegenüber weise und mildtätig verhältst und jedem seinen persönlichen Freiraum läßt.

Hoffnungen und Ängste: Die Karte fordert Dich dazu auf, eine weise Entscheidung mit Herz und Verstand zu treffen. Die Lösungshinweise bietet der „Gute Herr" Dir an, wenn Du genau darauf achtest (oder noch weitere Karten dazu heranziehst), welche Karten auf der linken und rechten Seite des Bilds liegen (näheres dazu siehe unten). Dies bedeutet auch, die Tendenzen zu erkennen, in welche Richtung Du Dich mit Deiner Entscheidung bewegen kannst, ob Du zum Beispiel ganz bewußt den schwierigeren Weg gehst oder ob Du versuchst, Unannehmlichkeiten zu vermeiden und den einfacheren Weg wählst.

Über eines mußt Du Dir im klaren sein: Diese Karte zeigt Dir auf jeden Fall die Möglichkeit, Deine Hoffnungen zu verwirklichen, doch liegt es an Dir, wie intensiv die Erfahrung wird. Auch wenn Du den holperigen Weg auf der linken Seite wählst, werden zahlreiche Ereignisse auf Dich zukommen, die Dir Deine Ängste bestätigen oder Dich vielleicht sogar bisweilen an Dir zweifeln lassen. Lerne aus diesen Schwierigkeiten, und gib Deine Kenntnisse an diejenigen weiter, die noch nicht soweit sind – lebe Deine Beschützer- und Vater-/Herrscherqualitäten aus wohlwollendem Selbstverständnis.

Beachtenswert bei der Deutung der Karte

Die Karte symbolisiert die natürlichen Kontraste von hell und dunkel, gut und böse usw.

Achte bei der Deutung der Karte darauf, nach welcher Seite hin Du Dich für die Ereignisse und Inhalte anderer Karten öffnest und was Du ablehnst. Der „Gute Herr" winkelt seinen rechten Arm (aus Deiner Sicht den linken) an und grenzt sich so zur linken Bildseite ab. Alle Karten die auf der linken Seite des guten Herrn liegen, sind deshalb Fingerzeige und Lösungen, die nicht akzeptiert, ja innerlich sogar vehement abgelehnt werden. Der linke Arm (aus Deiner Sicht der rechte) zeigt eine lockere Haltung, auch das Gesicht des „Guten Herrn" ist leicht der rechten Bildhälfte zugewandt. Die Hinweise, die Du rechts der Karte findest, sind die Ratschläge, denen Du Dich zu öffnen bereit bist.

Doch achte darauf, ob Du hier im Einklang mit Deiner inneren Führung arbeitest oder ob Dir Dein Selbst Signale gibt, daß Du noch Autoritätsprobleme aufzuarbeiten hast, die Dir noch nicht einmal richtig bewußt sind. Denn in diesem Fall wären die Lösungen des „Guten Herrn" nicht Deine Lösungen, sondern es wären die Vorschläge, die eher aus Deinen unbewußten Projektionen heraus erfolgen würden.

Kurze Deutungshinweise mit anderen Karten

3	Ehestandskarte	Gute Zeiten für die Liebe
4	Zusammenkunft	Ein Treffen führt zu Konflikten; in umgekehrter Folge: ein Treffen löst Konflikte
6	Gute Dame	Du strotzt vor Energie, Kraft und Gesundheit – jedoch nicht jeder hat dieses Glück, denke darüber nach!
7	Angenehmer Brief	Eine Nachricht beunruhigt Dich
8	Falsche Person	Jemand redet hinter Deinem Rücken schlecht über Dich
9	Veränderung	Die Auseinandersetzung mit einem Problem birgt den Neuanfang
10	Reise	Eine Reise verläuft beschwerlich; in umgekehrter Deutung: harmonisch
11	Viel Geld gewinnen	Eine Auseinandersetzung reinigt wieder die Luft
12	Reiches Mädchen	Deine gesicherte Position ist gefährdet
13	Reicher guter Herr	Man ist mit sich selbst nicht im Reinen
14	Eine traurige Nachricht	Jemand, von dem Du es nicht erwartest, greift mit Worten an
15	Guter Ausgang in der Liebe	Es ziehen Wolken auf vor dem Liebesglück
16	Seine Gedanken	Ein nicht klar definierbarer und unausgesprochener Groll
17	Geschenk bekommen	Ein Geschenk bringt Unheil mit sich
18	Ein kleines Kind	Sich frisch und munter fühlen
19	Ein Todesfall	Von einer Person geht Gefahr/ Schrecken aus
20	Haus	Man ist aus dem Gleichgewicht geraten

21	Wohnzimmer	Der Wunsch nach dem eigenen Heim kann sich erfüllen; aber auch: das eigene Heim führt zu gesundheitlichen Belastungen
22	Militärperson	Es gibt Krach (der wahrscheinlich nicht sein müßte) mit einem guten Freund
23	Gericht	Eine überfällige Entscheidung zehrt an Deinen Kräften
24	Diebstahl	Etwas „nagt" an Deiner Substanz
25	Zu hohen Ehren kommen	Eine Beförderung oder Aufstieg im Beruf ist derzeit nicht in Sicht; in umgekehrter Reihenfolge: die Situation bessert sich für ein berufliches Weiterkommen
26	Großes Glück	„Gewitterwolken" ziehen auf; in umgekehrter Reihenfolge: die Sorgen werden vertrieben
27	Unverhofftes Geld	Es brechen bessere Zeiten an, die Du zunächst in kleinen Dingen verspüren kannst
28	Erwartung	Die Probleme wirst Du unbeschadet überstehen
29	Gefängnis	Unternehmungen sollten überdacht werden – es sind noch nicht alle „Risikofaktoren" berücksichtigt
30	Gerichtsperson	Man macht sich zur Zielscheibe von Spott und Häme
31	Kurze Krankheit	Die Störung beginnt; umgekehrt: die Störung geht
32	Kummer und Widerwärtigkeiten	Unheil kündigt sich an, ist aber noch abzuwenden
33	Trübe Gedanken	Jemand versucht, Dich zu betrügen; sei vorsichtig

34	Arbeit	Die Probleme sind noch nicht gelöst, sie kommen erst noch auf Dich zu
35	Ein langer Weg	Mehr auf die „innere Stimme“ hören, sonst stellen sich Probleme ein
36	Die Hoffnung, großes Wasser	Es hilft Dir weiter, wenn Du Deine Träume aufschreibst – dort liegt der Schlüssel zur Wahrheit

6 Gute Dame

(Weiblicher) Beistand, Mütterlichkeit, Schutz, Wärme

Beschreibung der Karte

Der Hintergrund des Bildes zeigt eine gemusterte Tapete, die durch Bordüren und reiche Ornamentik eingefaßt ist. Im rechten oberen Bildteil ist eine Wand*lampe* zu sehen. Darunter ist für den Betrachter im Profil ein Klavier erkennbar. Die „Gute Dame" sitzt auf einem (nicht sichtbaren) Mobiliar und stützt ihren Ellbogen auf einem nebenstehenden Tischchen ab.

Die Dame sitzt dem Betrachter zugewandt. Ihr Gesichtsausdruck wirkt leicht amüsiert. In der linken Hand, die locker auf ihren Knien ruht, hält sie eine *Blume*.

Grundsätzliche Deutung der Karte

Auch bei dieser Karte zeigt sich eine Person oder ein Teil Deiner eigenen Persönlichkeit, durch den Du Wärme, Schutz und Beistand zu verspüren bekommst. Sie beinhaltet die Aspekte der Großen Mutter, der weisen Frau und verkörpert im übertragenen Sinne, die Inhalte der Eleusinischen Mysterien, in denen die Göttertrias Demeter (Mutter), Kore (junges Mädchen/Tochter) und Persephone (altes Weib/Wandlerin) verehrt wurde.
Du entdeckst im Bereich dieser Karte die Macht und Kraft des Ewig-Weiblichen in Dir. Es ist aber darüber hinaus

auch Dein Verhältnis zu allem Weiblichen, wie es Dir in Deinen Mitmenschen begegnet. Wie bei „Guter Herr“ sind die Inhalte dieser Karte nicht an eine physische Erscheinungsform als Mann oder Frau gebunden, sondern die Qualität des Selbst ist damit gemeint. Eine Frau trägt weibliche und männliche Aspekte und Wesenszüge in sich, und dies tut ebenfalls ein Mann, es geht hier nur um die Frage, wie die einzelnen Bereiche gelebt werden. Wenn Du Deine Qualitäten bereits bewußt erkannt und angenommen hast, dann lebe sie in der nächsten Zeit; wenn Du Dir Deiner innersten Eigenschaften jedoch noch nicht bewußt bist, dann mache Dich mit Hilfe der „Guten Dame“ auf die Suche nach Deinem Selbst – Du wirst dabei von allem Mütterlichen Schutz und Unterstützung erhalten.

Partnerschaft: Du öffnest Dich für beglückende Erfahrungen und läßt die positiven Gefühle anderer Menschen für Dich gerne zu, ja Du erspürst sie sogar auf eine ganz neue, intensive Weise. Öffne Dich auch für die Probleme anderer Menschen, und gehe mutig auf sie zu, denn Du hast die Kraft, ihnen zu helfen. Doch ruhe Dich nicht auf dieser Welle des Geborgenseins und der wohligen Glückseligkeit aus, denn gerade jetzt in dieser Zeit hast Du die besten Möglichkeiten, einmal genau hinzusehen, wie Du Dich den Menschen, die Du liebst und die Du umsorgen möchtest, gegenüber verhältst. Wenn die Zeiten so unbeschwert und voller schöner Gefühle sind, dann möchte man diesen Zustand erhalten, solange es geht. Doch dies führt dazu, daß man sich festklammert und nicht mehr losläßt. Es ist wie mit einer Handvoll Sand, der langsam durch die Finger rinnt. Anstatt Dich an dem wunderschönen Anblick und Gefühl zu erfreuen, den der weiche warme Sand in Deiner Hand erzeugt, versuchst Du, die Finger so stark zusammenzupressen, damit die

Körner nicht entweichen können. Zum Schluß behältst Du nur wenige Sandkörner in Deiner Hand und fühlst Dich unbefriedigt wegen des Ergebnisses. Lerne loszulassen und erfahre, daß Du mit offenen Händen immer wieder aus dem Vollen schöpfen kannst, mit geschlossenen und klammernden Händen beschränkst Du nur Dich selbst. Erlebe Dich und Deine Partnerschaft aus einer vollkommen neuen und freien Perspektive.

Selbsterkenntnis und Hintergründe: Geburt, stille werden, etwas betrachten, sich einer Sache bewußt werden, umwandeln, akzeptieren, Tod – dies sind alles Begriffe, die wir im ewigen Zyklus von Leben und Sterben, Werden und Vergehen immer wieder erfahren und durchleben. Dabei entdecken wir alle immer wieder viel über uns selbst, denn wenn wir versuchen, gegen den Strom zu schwimmen, werden uns die Lebenswellen wie ein kleines Papierschiffchen von einer Seite auf die andere werfen. Dabei kommt man vielleicht ein Stück voran, doch irgendwann schwinden die Kräfte, und Verzweiflung macht sich breit, weil man es nicht schafft, gegen die Urgewalten anzukämpfen. Versuche also, den Lebenskreislauf zu akzeptieren, und erkenne, daß Deine Emotionen zu Dir gehören und für Dich wichtig sind, wie auch Deine Bedürfnisse nach Schutz und Geborgenheit. Ergründe also Deine Weiblichkeit, und trenne Dich von den Dingen, die Dich hemmen und schmerzen.

Konflikte: Die Schwierigkeiten in Deinem Leben ergeben sich häufig durch Deine emotionalen Reaktionen, mit denen Du Dein Umfeld vielleicht mehr unbewußt unter Druck setzt. Dies kann durch aufbrausendes Verhalten auf der einen Seite oder devote Unterwerfung mit Leidensmiene und Gejammer auf der anderen Seite sein.

Häufig liegen die Ursachen für solche Verhaltensschemata in der Kindheit oder in dem verdrängten Erlebnis einer Situation, in der man sich alleine, verlassen und schutzlos vorkam. Die Befürchtung, das eigene Ansehen und die Zuneigung anderer zu verlieren, führt dann schließlich dazu, daß wir beginnen, unser Umfeld auf vielleicht subtile Art zu manipulieren. Der Zweck wird dadurch möglicherweise erreicht, doch wird das gemeinsame Leben in der Folge immer sumpfiger.

Auch in der Argumentation benutzt man hier selten eine Wortwahl und einen Tonfall, der der Sache angemessen und dienlich wäre, vielmehr wird eher der moralische Zeigefinger erhoben oder mit emotionaler Erpressung die Erfüllung des eigenen Wunschs bewirkt.

Dies führt aber kurz oder lang zu heftigen Reibereien und Streitigkeiten, die im ärgsten Fall eine Abwendung voneinander zur Folge haben können. Überdenke Deine Verhaltensweisen, wenn Du mit anderen streitest. Wie gehst Du selbst mit Deinen Mitmenschen um, die rein emotional reagieren?

Hoffnungen und Ängste: Bisher hattest Du im Leben immer noch Begleitschutz, durch eine Person, die Deinem Bedürfnis nach Mütterlichkeit und Verständnis sehr nahe kam. Dies kann Deine Mutter, Großmutter, eine gute Freundin gewesen sein, aber auch ein guter Freund, ein Lehrer oder Vorgesetzter. Deine Hoffnung erstreckt sich darauf, daß auch in der Zukunft jemand für Dich da sein wird, der Deiner Mutterprojektion in diesem Sinne entspricht, doch zugleich ist dies auch die Befürchtung, die Du hegst, denn Du ersetzt den notwendigen Abnabelungsprozeß durch die unmittelbar folgende Anbindung an eine andere Person.

Lerne, daß Du tief in Dir selbst über ausreichend emotionale Kräfte und Selbstbewußtsein verfügst, um mit den kleineren und größeren Widrigkeiten des Lebens fertig zu werden. Hab keine Angst vor Deinen eigenen Fähigkeiten!

Beachtenswert bei der Deutung der Karte

Versuche herauszufinden, ob es sich hier um Deine eigene Mütterlichkeit und Deine eigenen Emotionen handelt oder ob Du von jemandem begleitet wirst, der Dir ein offenes Ohr und eine Schulter zum Anlehnen leiht.

Falls Du entdeckt hast, daß es in Dir Vorstellungen aus Deiner Vergangenheit gibt, die ein bestimmtes „Mutterbild" nahelegen, dann überlege, wo in Dir ein Ungleichgewicht zwischen Deiner Vorstellung und der Realität entstanden ist, und versuche auf der Basis dieser Erkenntnis Dein inneres Gleichgewicht wieder herzustellen. Wie der „Gute Herr" grenzt sich auch die „Gute Dame" von ihren Nachbarkarten etwas ab. Beachte hier ebenfalls, welche Karten auf ihrer „offenen" und ihrer „abgewandten" Seite liegen, damit Du die Hinweise entsprechend nutzen kannst.

Kurze Deutungshinweise mit anderen Karten

3	Ehestandskarte	Eine kleine Warnung vor einer festen Beziehung – sie sollte nicht bedenkenlos in den Wind geschlagen werden, aber man sollte diesen Hinweis auch nicht überbewerten
4	Zusammenkunft	Die Warnung vor einem Treffen oder einer Situation während eines Treffens
5	Guter Herr	Bei Schwierigkeiten gibt es jemanden, auf den Du Dich immer verlassen kannst
7	Angenehmer Brief	Man erhält „zwischen den Zeilen" einen Hinweis; diesen gilt es zu beachten
8	Falsche Person	Jemand steht Dir helfend zur Seite/ spielt ein falsches Spiel
9	Veränderung	Trotz aller Warnungen beginnt man etwas Neues
10	Reise	Man befindet sich auf einer Reise in guter Obhut, sollte jedoch nicht unvorsichtig werden
11	Viel Geld gewinnen	Eine vertraute Person sorgt für sorgenfreie Zeiten
12	Reiches Mädchen	Man wird vor der eigenen Naivität gewarnt
13	Reicher guter Herr	Das Unterbewußtsein wehrt sich gegen etwas – hier gilt es, die eigenen Bedürfnisse genau zu erkennen
14	Eine traurige Nachricht	Jemand fühlt mit Dir/versucht Dir zu helfen; dies mildert zwar die Situation, verändert sie aber nicht
15	Guter Ausgang in der Liebe	In allen Herzensangelegenheiten ist diese Person ein guter Zuhörer und Ratgeber

16	Seine Gedanken	Im Moment läuft in dieser privaten Beziehung nicht alles glatt
17	Geschenk bekommen	Ein Geschenk wird skeptisch beäugt
18	Ein kleines Kind	Es stehen neue Erkenntnisse an, die Dich beruhigen
19	Ein Todesfall	(Weiblicher) Beistand bei der Beendigung einer Sache – jemand fühlt mit und steht mit Rat und Tat zur Seite
20	Haus	Jemand, der mit dem eigenen Heim (der Basis) sehr eng verbunden ist oder dort hineinspielt
21	Wohnzimmer	Jemand stellt sich schützend vor Dein Heim
22	Militärperson	Jemand, auf den Du bedingungslos zählen kannst
23	Gericht	Man hat freundschaftlichen Beistand in dieser Sache; etwas wird für Dich geregelt
24	Diebstahl	Jemand warnt vor einem Verlust (materieller oder emotionaler Art)
25	Zu hohen Ehren kommen	Diese Person hat eine entscheidende Rolle in der momentanen Situation
26	Großes Glück	Eine schöne Zeit in partnerschaftlichen Verhältnissen
27	Unverhofftes Geld	Du solltest dich mit einer vertrauten Person beraten/Gute Ratschläge, aber auch objektive Warnung durch einen nicht von dieser Sache betroffenen Dritten
28	Erwartung	Eine enge Vertraute oder jemand, der im persönlichen Bereich eine entscheidende Rolle spielt
29	Gefängnis	Man fühlt sich durch die bemutternde Art und Weise eingeengt

30	Gerichtsperson	Jemand steht Dir mit mütterlichem Rat zur Seite
31	Kurze Krankheit	Du strotzt vor Energie, Kraft und Gesundheit – jedoch nicht jeder hat dieses Glück, denke darüber nach!
32	Kummer und Widerwärtigkeiten	Eine (weibliche) vertraute Person gibt Dir Hinweise und Ratschläge, mit denen Du nicht unbedingt einverstanden bist
33	Trübe Gedanken	In einem hinterhältigen Intrigenspiel steht Dir jemand schützend zur Seite
34	Arbeit	Ein objektiver Beobachter warnt vor großen Problemen, deren Bewältigung viel Aufwand erfordert
35	Ein langer Weg	Man erhält Ratschläge, aber eine Entscheidung wird verlangt – diese mußt Du selbst tragen
36	Die Hoffnung, großes Wasser	Jemand scheint über die Hintergründe besser informiert zu sein und kann so entscheidende Hinweise oder Warnungen geben

7 Angenehmer Brief

Informationen, Schriftstücke, Verträge, Nachrichten

Beschreibung der Karte

Den Hauptteil des Bilds nimmt ein runder Beistelltisch ein. Darauf befindet sich eine Blumenvase mit Schnitt*blumen* und ein versiegelter *Brief*umschlag, dessen Adressat nicht erkennbar ist. Der Hintergrund des Bilds zeigt eine Tapete mit floralem Druck, ein weiterer Blickfang ist der in starken Farben gemusterte Teppichboden, dessen torque-ähnliches Muster den gedrechselten Fuß des Tischs scheinbar umschließt.

Grundsätzliche Deutung der Karte

Du erhältst Nachrichten von Verhandlungen oder Verträgen, aber auch von jeglichen Dokumenten und anderen Dingen, die Dich mit dem „öffentlichen" Leben verbinden, jedoch immer noch individueller Natur sind. Deshalb bedeutet diese Karte nicht ausschließlich vertragliches Papierwerk, sondern beinhaltet mehr Informationen über die Sachverhalte, die Dich persönlich angehen. Ein Schriftstück zu einem Mietverhältnis, eine Geburts-, Hochzeits-, Todesanzeige, ein Liebes*brief* oder eine Grußkarte – die Inhalte dieser Karte sind ebenso vielseitig wie die Anlässe, zu denen Du Informationen erhalten kannst.

Auch wenn die Karte „Angenehmer *Brief*“ heißt, bedeutet dies nicht, daß Du damit ausnahmslos immer nur gute Nachrichten erhältst. Vielmehr können hier sogar unangenehme Neuigkeiten bekannt werden (z. B. die Nachforderung einer Zahlung o. ä.). Die umliegenden Karten geben Dir jedoch recht konkrete Hinweise darauf, aus welchem Bereich Dich eine Nachricht ereilen wird und wie Du mit ihr umgehen solltest.

Partnerschaft: Hier gibt es für Dich eine Menge erfreulicher Neuigkeiten, denn Du erhältst nette Aufmerksamkeiten und Komplimente. Gerade „durch die Blume“ kannst Du im Moment viele kleine nette Andeutungen wahrnehmen, die Dir einerseits schmeicheln, Dich andererseits aber auch verunsichern. Da auf dem Kartenbild der Brief jedoch mit der Anschrift nach unten liegt, den Adressaten also nicht zeigt, heißt es in diesem Fall auch, daß Du unschlüssig bist, weil Du nicht erkennen kannst, ob Du selbst mit diesen Andeutungen und Hinweisen gemeint bist. Sei nicht schüchtern und unsicher! Traue Dich ruhig hinzusehen oder nachzufragen, ob eine geäußerte Bemerkung für Dich bestimmt war, und vor allen Dingen genieße die Beachtung, die Dir in dieser Zeit entgegengebracht wird.

Selbsterkenntnis und Hintergründe: Du bist auf dem Weg, um Deine eigene innere Wahrheit zu finden, denn tief in Dir hast Du erkannt, daß Deine gelebten Werte und Möglichkeiten weit unter Deinen wahren Fähigkeiten liegen. Du erahnst, daß Deine Wahrheit nicht weit entfernt zu finden ist, doch noch bist Du nicht bereit hinzusehen. Traue Dich, Dein eigenes lichtvolles Wesen zu entdecken. Es mag sein, daß Du zunächst etwas erschrickst, wenn Du den Umschlag mit Deinem Lebenslauf öffnest und manche Charakterzüge und Wesensarten aufgelistet findest, die in Dir scheinbar nicht (mehr) vorhanden sind oder die Du sogar ablehnen und von Dir weisen würdest. Überlege, in welchen Bereichen Du Dich seit Deiner Kindheit sehr stark verändert hast. Welche Talente hast Du gefördert, welche vernachlässigt, und welchen Bequemlichkeiten hast Du in Deinem Leben nachgegeben? Zerreiße das Siegel, das Dein innerstes Wesen eingeschlossen hält, und laß es frei – lerne Dich selbst neu kennen und lieben.

Konflikte: Deine Konflikte entstehen meist im Zusammenhang mit Deinen Gefühlen und Gedanken, die Du nicht so gerne nach außen hin mitteilst. Deine Ansichten hältst Du ein um das andere Mal in Dir verschlossen, und Dein Umfeld kann und muß mutmaßen, wie es tatsächlich in Dir aussieht. Dadurch geschieht es sehr häufig, daß Deine Wahrnehmungen und die Einschätzung der anderen tatsächlich weit auseinanderfallen und Du Dich um so mehr unverstanden fühlst und noch etwas weiter in Dich zurückziehst. Lerne offene Worte zu sprechen und auch mit offen gesagten Meinungen und Kritiken umzugehen. Erkläre die Dinge „durch die Blume", solange es Dir angemessen erscheint, doch wenn die vorsichtigen Andeutungen nicht weiterhelfen, mußt Du deutlicher werden.

Hoffnungen und Ängste: Welche Art von Nachrichten erwartest Du? Das ist die Frage, denn hinsichtlich Deiner Hoffnungen und Ängste im Bereich dieser Karte geht es um die Erwartungshaltung, die Du gegenüber Informationen hast, die Deine eigene Person betreffen. Die Angst, etwas schlechtes zu hören, und die Hoffnung auf gute Neuigkeiten sind dabei die zentralen Punkte. Doch gerade unangenehme Informationen bringen uns häufiger einen Schritt weiter als diejenigen Hinweise und Aussagen, die uns in (vermeintlicher) Sicherheit wiegen. Natürlich ist es auch für Dich fraglos angenehmer zu erfahren, daß Du etwas richtig gemacht hast oder zumindest auf dem richtigen Weg bist, doch die Analyse der Situation, die Dir Schwierigkeiten bereitet, und die Aufarbeitung der Frage, wo Du eventuell selbst Fehler gemacht hast und ob diese zukünftig vermeidbar sind, erlauben es Dir erst, in Deiner persönlichen Entwicklung einen Schritt weiterzukommen, denn hier haben sich Defizite gezeigt, die Dir bisher noch nicht bewußt waren.

Beachtenswert bei der Deutung der Karte

Es geht für Dich um Kommunikation, um Nachrichten, die Du erhältst oder weitergibst. Dabei muß es sich nicht immer um „greifbare" Briefpost handeln, es kann genausogut ein Gespräch mit nahestehenden Personen oder Deiner inneren Führung sein.

Doch alleine der Hinweis auf die Kommunikation bringt Dich nicht weiter, denn die zentrale Frage für Dich ist, in welchem Bereich für Dich wichtige Neuigkeiten aufkommen. Beachte die Nachbarkarten, oder ziehe Ergänzungskarten, um den Anlaß etwas genauer einzugrenzen. Die nachfolgenden Stichworte können für Dich ein erster Anhaltspunkt sein.

Kurze Deutungshinweise mit anderen Karten

3	Ehestandskarte	Eine Einladung zu einer Hochzeit/ Verlobung/einem gesellschaftlichen Anlaß (aufgrund eines Vertrags)
4	Zusammenkunft	Diesem Treffen geht eine (schriftliche) Nachricht voraus
5	Guter Herr	Eine Nachricht beunruhigt Dich
6	Gute Dame	Man erhält „zwischen den Zeilen" einen Hinweis; diesen gilt es zu beachten
8	Falsche Person	Es geht um spitzfindige Bemerkungen, die fallengelassen werden
9	Veränderung	Eine angenehme Nachricht bestärkt Dich in der Absicht, eine Veränderung herbei-/durchzuführen
10	Reise	Dokumente und Verträge, die mit einer Reise zusammenhängen oder durch eine Reise entstehen
11	Viel Geld gewinnen	Ein Brief enthält gute Nachrichten – auch: auf versteckte Tips hören, um die größtmögliche Ausbeute zu ziehen
12	Reiches Mädchen	Eine Nachricht, deren Botschaft man nicht genau versteht
13	Reicher guter Herr	Man erhält Nachricht, die die eigene Situation verbessert, ohne daß man sich selbst darum bemüht hat
14	Eine traurige Nachricht	Eine scheinbar unadressierte Nachricht enthält „zwischen den Zeilen" wichtige Informationen
15	Guter Ausgang in der Liebe	Ein Liebesbrief
16	Seine Gedanken	Man grübelt über den Inhalt einer Nachricht
17	Geschenk bekommen	Eine nette Nachricht verheißt Gutes
18	Ein kleines Kind	Es gibt Neuigkeiten

19	Ein Todesfall	Man erhält Nachricht über den (positiven) Abschluß einer Sache/ Situation
20	Haus	Ein Dokument, das mit dem Haus zusammenhängt (Grundbuch, Hypothek, Miete, Kündigung, o. ä.)
21	Wohnzimmer	Es geht um eine Nachricht, die das eigene Heim betrifft
22	Militärperson	Eine Nachricht, bei der man etwas auf der Hut sein sollte
23	Gericht	Es zeichnet sich ein (gutes) Ende ab, vermutlich die Ladung vor Gericht oder das Urteil.
24	Diebstahl	Eine wichtige Nachricht geht verloren
25	Zu hohen Ehren kommen	Man erhält eine Nachricht, die einen ein gutes Stück weiter bringt
26	Großes Glück	Ein Brief/Dokument verheißt glückliche und sorgenfreie Zeiten
27	Unverhofftes Geld	Ein Brief bringt das Glück (und eventuell einen erfolgreichen Vertrag)
28	Erwartung	Man erwartet (schriftliche) Nachrichten
29	Gefängnis	Man erhält eine Nachricht, die einem Freiraum/Spielraum nimmt
30	Gerichtsperson	Jemand versucht zu vermitteln/ Nachrichten von einem (rechtlichen) Beistand
31	Kurze Krankheit	Die Krankheit ist ein Hinweis auf etwas, das beachtet werden sollte (zuviel Streß, Genußgifte o. ä.)
32	Kummer und Widerwärtigkeiten	Man versucht, Dir etwas „zwischen den Zeilen" zu sagen
33	Trübe Gedanken	Es handelt sich um ein „abgekartetes" Spiel

34	Arbeit	Eine Nachricht, die mit der Arbeit zu tun hat (Vertrag, Abmahnung, Kündigung o. ä.)
35	Ein langer Weg	Eine (schriftliche) Nachricht erfordert eine baldige Entscheidung
36	Die Hoffnung, großes Wasser	Eine (schriftliche) Nachricht bringt Dich den Lebenszielen und -wünschen näher

8 Falsche Person

Falschheit, Hinterhalt, Zwist, Rat, Gerede

Beschreibung der Karte

In der Mitte des Bildes steht eine Frau jüngeren bis mittleren Alters. Sie ist kokett angezogen und blickt den Betrachter mit einem leicht triumphalen und spöttischen Gesichtsausdruck an. Unmittelbar hinter ihr sieht man das kleine *Blumen*muster einer zeitgenössischen Tapete, rechts hinter ihr ist für den Betrachter eine geschlossene Haustüre zu sehen. Die Frau scheint diese Wohnung gerade verlassen zu haben, und dies in einem triumphierenden Gefühl, ihr Ziel erreicht zu haben.

Grundsätzliche Deutung der Karte

Diese Karte zeigt Dir ein Gebilde aus Unwahrheiten und Falschheit, aus Unaufrichtigkeit und Schatten. Wenn Du Dich im Wirkungskreis dieser Karte bewegst, steht Dir eine Zeit bevor, in der Du Dein Umfeld und Dich selbst mit größter Aufmerksamkeit betrachten solltest. Es geht hier um halbe und verdrehte Wahrheiten, die somit zu ganzen Lügen werden; aber auch um bewußte Unaufrichtigkeiten, die darauf hinzielen sollen, andere Menschen zu verletzen oder in die Abhängigkeit zu führen, indem man emotionale Macht über sie zu erlangen versucht. Dahinter steckt ein enormes Potential an Kraft und Wissen, doch wird es nicht für gute, altruistische Zwecke eingesetzt, sondern für die rücksichtslose und egoistische Befriedigung der eigenen Ziele.

Partnerschaft: Deine gegenwärtige Situation ist nicht gerade durch Aufrichtigkeit geprägt, irgend jemand spielt ein falsches Spiel. Das muß nicht zwangsläufig Dein Partner sein, sondern dies kann auch eine nahestehende Person sein, an die Du eine sehr innige Anbindung hast – notfalls mußt Du Dich fragen lassen, ob Du selbst hier momentan nicht mit offenen Karten spielst.

Weiterhin geht es um die Projektion der eigenen Schatten auf andere, das heißt, daß wir uns selbst gerne als die Guten und Reinen betrachten, aber in anderen bisweilen das personifizierte Böse entdecken wollen. Versuche nicht, an anderen Deine eigenen Krankheiten zu kurieren, sondern schaue darauf, wo Du Deinen eigenen Komplexen unbewußt gestattest, in Deinen Beziehungen die Herrschaft über Deinen Partner zu erhalten. Beachte in der nächsten Zeit etwas genauer, was Du an anderen kritisierst, und versuche, Dich im Spiegel Deiner Worte zu betrachten – sind es die Eigenschaften der anderen, die Dich stören oder ist es das Echo oder Ebenbild Deiner eigenen Schwächen?

Selbsterkenntnis und Hintergründe: Die Bedeutung der „Falschen Person" für Dein Leben ist: „Erkenne Deine Schatten und nimm sie an!" Damit ist nicht gemeint, daß Du Dich zurücklehnen sollst, mit der Begründung „Ich bin eben so!", denn dies würde bedeuten, daß Du Deinen dunklen Aspekten Freiraum gibst und diese sich verselbständigen. Löse Dich deshalb von den zerstörerischen Trieben, die Unwahrheit, Selbstverleugnung und Zweifel mit sich bringen, und entdecke das enorme Potential an Kraft, das hinter Deinem Verhalten steckt. Ergründe die

Art der Verlockungen, die Dich dazu bringen kann, Deine Ideale umzukehren.

Konflikte: Wissen ist Macht – und dieser Spruch ist sinnbildlich für die Probleme, die sich für Dich bei dieser Karte aufzeigen. Wie gehst Du mit den Informationen um, die Du erhältst? Sammelst Du sie und bewahrst sie in der Gesamtheit auf, bis Du sie irgendeines Tages für oder gegen jemanden gebrauchen kannst – oder gibst Du alle Neuigkeiten direkt an alle und jeden weiter, unabhängig davon, ob den einzelnen diese nun interessieren oder nicht? Dieses Zurückbehalten oder Verbreiten von Informationen kann bei Deinen Mitmenschen auf Unverständnis stoßen, wenn sie persönlich von den Inhalten Deiner Neuigkeiten betroffen sind – entweder indem sie etwas nicht wußten, was für sie notwendig gewesen wäre, oder wenn etwas über sie erzählt wurde, das sie gerne unter dem Mantel der Verschwiegenheit verdeckt gelassen hätten.

Hoffnungen und Ängste: Deine Hoffnungen konzentrieren sich darauf, aus diesem Sumpf aus Lügen und Gerede herauszukommen. Erst wenn Du zuläßt, daß diese Unwahrheiten Macht über Dich bekommen, öffnest Du ihnen selbst die Tür, um einzutreten. Übernimm Verantwortung für Dein Leben, und stehe zu den Dingen, die Du vielleicht vor langer Zeit einmal getan hast, und die Dir heute unangenehm sind. Erkenne diese dunklen Stellen, und mache Dich nicht erpreßbar – weder für andere, noch für Dich selbst.

Auch wenn Du diese kleinen Punkte in Deinem Leben analysiert und akzeptiert hast, mußt Du Dich zudem noch mit der Möglichkeit auseinandersetzen, daß irgendwann einmal ein Dritter über diese Dinge berichtet. Sei gefaßt, und laß Dich von dieser Möglichkeit nicht erschrecken;

zu dem maßgeblichen Zeitpunkt wirst Du stark genug sein, um diese Situation durchzustehen.

Beachtenswert bei der Deutung der Karte

Erfahre Deine Schattenseiten und die Ängste und Komplexe anderer, sowie die Wechselwirkungen, die sich aus dem Verhalten aller Beteiligten ergeben. Sei nicht mißtrauisch gegen jeden, der Dir begegnet, nachdem Du die Karte „Falsche Person" gezogen hast, versuche aber, Deiner inneren Führung Freiraum zu lassen, um Situationen und Personen zu erkennen, die Dir nicht offen entgegenkommen.

Versuche zu ergründen, ob Du den Aspekt der „Falschen Person" im Außen oder in Dir selbst suchen solltest. Gehe dabei möglichst objektiv vor, denn ein vorgeschobener Sündenbock wird Dir auf die Dauer nicht weiterhelfen. Diese Karte bedeutet für Dich einen wesentlichen Aspekt und eine große Aufgabe Deines Lebens.

Kurze Deutungshinweise mit anderen Karten

3	Ehestandskarte	Man redet schlecht über Deine Beziehung (zu Partner, Verwandten o. ä.)/Jemand versucht, in Deine Beziehung einzudringen, zu intrigieren
4	Zusammenkunft	Man versucht, Dich auszuhorchen
5	Guter Herr	Jemand redet hinter Deinem Rücken schlecht über Dich
6	Gute Dame	Jemand steht Dir helfend zur Seite
7	Angenehmer Brief	Es geht um spitzfindige Bemerkungen, die fallengelassen werden
9	Veränderung	Jemand will eine neue Errungenschaft von Dir schlecht machen
10	Reise	Jemand mißgönnt Dir die Reise
11	Viel Geld gewinnen	Nicht nach den Sternen greifen – und Vorsicht vor Spekulanten
12	Reiches Mädchen	Du leistest durch Deine Naivität Hinterhältigkeiten Vorschub
13	Reicher guter Herr	Jemand stürzt Dich in Selbstzweifel
14	Eine traurige Nachricht	Hüte Dich vor falschen Freund(inn)en
15	Guter Ausgang in der Liebe	Man versucht eine Liebschaft zu hintertreiben – oder man sagt Dir ein Verhältnis nach
16	Seine Gedanken	Überdenke alle Hintergründe und Unwägbarkeiten
17	Geschenk bekommen	Ein Geschenk mit Hintergedanken
18	Ein kleines Kind	Man ist zu vertrauensselig
19	Ein Todesfall	Jemand versucht, Dich durch falsche Erzählungen aus dem Verkehr zu ziehen (liegt die Personenkarte dabei, handelst Du evtl. selbst in dieser Art und Weise)
20	Haus	Der Hinterhalt kommt aus dem näheren Umfeld

21	Wohnzimmer	Jemand versucht, Dich in Deinen eigenen vier Wänden auszuhorchen
22	Militärperson	Ein treuer Freund ist in Gefahr/steht unter schlechtem Einfluß
23	Gericht	Jemand versucht, Dich von etwas/jemandem zu trennen
24	Diebstahl	Man versucht, Dir mit Hinterlist etwas wegzunehmen
25	Zu hohen Ehren kommen	Jemand hindert Dein (berufliches) Weiterkommen
26	Großes Glück	Diese Person kann Dir nicht schaden
27	Unverhofftes Geld	Eine eifersüchtige Person verunsichert Dich/macht Dir Kummer
28	Erwartung	Deine Integrität steht auf dem Spiel
29	Gefängnis	Diese Situation ist für Dich eine schwere Prüfung, aus der Du jedoch viel lernen wirst
30	Gerichtsperson	Du wirst zum Gespött der Leute (gemacht) – Achtung!
31	Kurze Krankheit	Eine andere Person macht Dich krank (Intrigen, Mobbing o. ä.)
32	Kummer und Widerwärtigkeiten	Achtung! Rat von einer bestimmten Person ernstnehmen; oder: ein falscher Rat! Das hängt von den Nachbarkarten ab!
33	Trübe Gedanken	Vorsicht vor großem Betrug – jemand versucht, Dich hereinzulegen
34	Arbeit	Das Gerede wird zu einem großen Problem
35	Ein langer Weg	Es bedarf einer schnellen (richtigen) Entscheidung, um die Sache nicht zu verschlimmern
36	Die Hoffnung, großes Wasser	Eine Hinterlist, die sich im Verborgenen abspielt

9 Veränderung

Wandel, Veränderung

Beschreibung der Karte

Im mittleren Teil des Bilds sieht man eine Häuserzeile und einen Kirch*turm*. Dieses Szenario der Gebäude erstreckt sich in der Breite vom linken zum rechten Rand, nimmt also das Bild in der Gesamtform wie eine *Mauer* ein. Im Hintergrund sind kahle, unwirtliche, graublaue *Berge*.

Im Vordergrund des Bilds ist ein zweispänniger *Wagen* gezeigt, der hoch mit Mobiliar beladen ist. Der Mann auf dem Kutschbock schwingt die Peitsche und treibt die *Pferde* zu eiligem Tempo an. Es wirkt, als wolle das Gefährt sich den *Weg* durch das größere Tor am unteren linken Bildrand suchen.

Grundsätzliche Deutung der Karte

Um Dich herum ist jetzt sehr viel Bewegung, und diesen Einflüssen kannst Du Dich kaum mehr entziehen. Vielleicht gibt diese Situation für Dich auch den entscheidenden Ausschlag, Veränderungen von Dir aus zu beginnen. Du überlegst, welche Du in Deinem Leben sinnvoll durchführen kannst und mußt, um hier neue Energie in die Lebensbereiche zu lassen, die in der letzten Zeit zu sehr vernachlässigt worden sind. Du erkennst instinktiv, daß gravierende Wandel notwendig sind, die Du nun, wenn auch nicht immer leichten Herzens, jedoch zum positiven Ergebnis hinorientiert, auch zu Ende bringst.

Partnerschaft: In Deine bestehende Beziehung zu Menschen, die Du liebst, kommt frischer Wind. Es liegt jetzt an Dir, ob Du ihn zu einer leichten Brise werden läßt, die den Beziehungsstaub ein wenig aus den Ecken fegt oder ob Du es zuläßt, daß sich hier ein Taifun austobt, der Dich und Deinen Partner in zwei vielleicht absolut gegensätzliche Regionen führt. Die „Veränderung" zeigt einen Wandel in Eurer Beziehung an, dessen grundsätzliche Eigenschaft zunächst eine positive Transformation bestehender Emotionen und Verbindungen auf eine höhere Ebene ist. Doch auch die Verbindung von Gegensätzen zu einer synergetischen Einheit wird hier möglich.

Selbsterkenntnis und Hintergründe: Du bist im Begriff, Deine Koffer zu packen und Deinem Leben eine grundlegende Wendung zu geben. Du hast den Eindruck, Dich in einer unbefriedigenden und verspannten Situation zu befinden, in der Du nicht verbleiben kannst. Doch zunächst scheust Du noch den Sprung in das kalte Wasser und läßt Dich vor den unbekannten Wagnissen schrekken. Wenn Du Dich dann irgendwann durchringst, Deine Überlegungen in die Tat umzusetzen, geschieht dies meist sehr geradlinig und konsequent; auch alte Brücken reißt Du dabei hinter Dir ab, so manches Mal, ohne dabei mit einer Wimper zu zucken. Es soll aber auch schon vorgekommen sein, daß Du einen Koffer zurückgelassen hast, um einen Grund zu haben, noch einmal zurückzukehren.

Konflikte: Wie oft und wie hastig hast Du in Deinem Leben bisher bereits Veränderungen durchgeführt? Einem Außenstehenden kann Dein Leben erscheinen, als wärest Du vor irgend etwas auf der Flucht. Im Kern mag dies auch stimmen, denn die Angst vor Konflikten, Emotionen, Bindungen oder ähnlichem treibt manchen dazu an, sich diesen unangenehmen Situationen zu entziehen und sich aus dem Staub zu machen, bis die Luft wieder rein ist. Doch gerade diese Haltung erzeugt Probleme mit dem Umfeld, denn diese Konfliktscheu und Bindungsangst wird nicht immer toleriert. Frage Dich, wovor Du davonläufst und wie Du diese Situation für Dich wandeln und verändern kannst?

Hoffnungen und Ängste: Du hast die berechtigte Hoffnung auf eine positive Veränderung Deiner Situation, und dies macht Dich einerseits sehr zuversichtlich. Auf der anderen Seite hegst Du jedoch Vorbehalte gegen die damit verbundenen bekannten und unbekannten Neuerungen, die dieser Wandel zwangsläufig mit sich bringt. Deine bestehende Sicherheit, Dein Freundeskreis, Deine Wohnung und vieles mehr werden einer Umgestaltung unterliegen – und diese Selbstopfer lassen Dich an dem zweifeln, was Du für Dein Leben umsetzen möchtest. Mache Dir bewußt, daß Dein Selbst Dich auf den für Dich richtigen Weg führen wird, wenn Du ihm vertraust. Auf einer von beiden Seiten wirst Du definitiv ein (Selbst-)Opfer bringen müssen, deshalb überlege, was Dir wirklich wichtig ist.

Beachtenswert bei der Deutung der Karte

Mache Dir deutlich, ob Du vor etwas wegläufst oder ob Du Dich nur aus einer unfruchtbaren Konstellation abwendest, um Dich in eine bessere Position zu bringen. Eine Veränderung ist nicht „gut“ oder „schlecht“, sondern sie ist die Basis für weitere Geschehnisse, also für das, was wir aus ihr machen. Gerade auch der zeitliche Faktor ist bei dieser Karte beachtenswert. Es ist möglich, daß es sich um eine Situation handelt, die aus einem Wandel heraus resultiert, also dessen Folge ist; aber auch die Momente der Veränderung selbst werden hier sichtbar. Versuche anhand der umliegenden Karten zu erfahren, ob Du sie bereits vollzogen hast oder ob sie noch in der Planung ist.

Kurze Deutungshinweise mit anderen Karten

3	Ehestandskarte	In der Partnerschaft (geschäftlich oder privat) verändert sich etwas
4	Zusammenkunft	Man führt eine Veränderung durch, um dann ein Treffen arrangieren zu können/Ein Treffen führt zu einer grundlegenden Veränderung
5	Guter Herr	Die Auseinandersetzung mit einem Problem birgt den Neuanfang
6	Gute Dame	Trotz aller Warnungen beginnt man etwas Neues
7	Angenehmer Brief	Eine angenehme Nachricht bestärkt in der Absicht, eine Veränderung herbei-/durchzuführen
8	Falsche Person	Jemand will eine neue Errungenschaft von Dir schlecht machen
10	Reise	Fernweh/der Drang zu reisen
11	Viel Geld gewinnen	Eine glückliche Phase bringt eine weitreichende Veränderung mit sich
12	Reiches Mädchen	Man geht unter naiven (falschen) Vorstellungen an eine enorme Veränderung heran
13	Reicher guter Herr	Man geht recht lässig, aber trotzdem erfolgreich an die Sache heran
14	Eine traurige Nachricht	Mit der Nachricht wird das Ende eines Prozesses und der Anfang einer neuen Entwicklung angezeigt
15	Guter Ausgang in der Liebe	Eine Veränderung in Liebesdingen
16	Seine Gedanken	Man ist sich nicht ganz schlüssig in seiner Situation
17	Geschenk bekommen	Das Geschenk bringt eine Veränderung mit sich/Ein Geschenk zu einem Umzug
18	Ein kleines Kind	Ein neuer Lebensabschnitt/Eine große Veränderung/Ein (positiver) Umbruch

19	Ein Todesfall	Die Beendigung einer Sache oder Situation bringt weitere Veränderungen mit sich – z. B. Umzug o. ä.
20	Haus	Man schafft sich durch diese Veränderung ein gemütliches Heim
21	Wohnzimmer	Es gibt Veränderungen im/am Heim
22	Militärperson	Man führt eine Veränderung durch, um alles wieder in Ordnung zu bringen
23	Gericht	Diese Entscheidung/Trennung bringt eine große Veränderung (einen Umzug o. ä.) mit sich
24	Diebstahl	Jemand versucht, die Zeiten des Umbruchs auszunutzen und sich auf Deine Kosten zu bereichern
25	Zu hohen Ehren kommen	Die Veränderung schafft die Voraussetzungen, die gesetzten Ziele zu erreichen
26	Großes Glück	Die Situation wendet sich zum Besten
27	Unverhofftes Geld	Eine Situation, die Dein Leben in positiver Hinsicht verändern wird
28	Erwartung	Mit dieser Veränderung verbindet man große Erwartungen
29	Gefängnis	Man engt sich damit selbst ein, allein durch den Willen die Dinge verändern zu wollen
30	Gerichtsperson	Dieser Streit bringt eine große Veränderung mit sich
31	Kurze Krankheit	Eine Krankheit geht/Die Phase der Erneuerung
32	Kummer und Widerwärtigkeiten	Man macht sich Sorgen wegen einer Veränderung
33	Trübe Gedanken	Die Situation verändert sich, sei wachsam

34	Arbeit	Mit dieser Veränderung ist viel Arbeit und Mühe verbunden/Eine Veränderung wegen der Arbeit
35	Ein langer Weg	Dies ist ein Wendepunkt im Leben/Es besteht die Möglichkeit, seine bisherige Lebensweise vollständig umzukrempeln
36	Die Hoffnung, großes Wasser	Mit dieser Veränderung sind Hoffnungen und Ängste verbunden, der weitere Verlauf liegt aber noch im Dunkeln

10 Reise

Aufbruch, Fernweh, (Lebens-)Reise

Beschreibung der Karte

Auf der Karte ist ein Weg sichtbar, der aus einer scheinbar freien Umgebung in einen dichten Tannenwald hineinführt. Auf diesem *Weg* fährt eine zweispännige Kutsche. Der Mann, der die Kutsche lenkt, schwingt heftig die Peitsche, um die *Pferde* anzutreiben. Sein auf dem hinteren Teil des *Wagens* verladenes Gepäck ist nur spärlich.

Grundsätzliche Deutung der Karte

Du machst Dich auf die Reise, um neue Erfahrungen zu sammeln und um der Wahrheit (über Dich selbst) etwas näher zu kommen. Dein spärliches Gepäck deutet darauf hin, daß Du nicht planst, lange abwesend zu sein, sondern nur die Zeit für einen kurzen Abstecher nutzt. Dabei kann es sich um eine Seelenreise handeln wie auch um einen realen (Kurz-)Urlaub, der Dir andere Perspektiven bietet.

Partnerschaft: Du folgst im Moment Deinen eigenen Impulsen, um der Wahrheit und dem Stellenwert Deiner Beziehung auf die Spur zu kommen. Du wendest Dich kurzfristig von Deinem Partner ab, doch dies muß Dich nicht erschrecken, denn es bedeutet deshalb nicht gleich eine Trennung oder einen Seitensprung! Du gehst derzeit vielmehr gedanklich Deine eigenen Wege und versuchst zu ergründen, welcher Art die (unausgesprochenen) Schwierigkeiten und Probleme in Deiner Partnerschaft sind und welche Mittel und Wege Ihr gemeinsam zur Lösung beschreiten könnt.

Selbsterkenntnis und Hintergründe: Du analysierst Dein Wesen und distanzierst Dich gerade in dieser Zeit von Aussagen und Denkweisen, deren Entstehungsmuster Du nicht mehr rekonstruieren kannst. Deine Fragen nach dem Warum, woher und wohin bestimmen Deine Gedanken über Dich selbst, Deine Mitmenschen und das Miteinander. Du bist auf der Suche nach Deiner eigenen Wahrheit und Deinem Selbst. Achte hier darauf, daß Du Dich nicht von Deinem Ego in die Irre führen läßt, sondern höre mehr auf die Stimme Deiner inneren Führung.

Konflikte: Sich abzuwenden oder vor Problemen und Konflikten zu flüchten, kann für alle Betroffenen in der aktuellen Situation eine sehr unangenehme Sache sein. Manchmal ist es aber notwendig, ein wenig Distanz zwischen sich und das Problem zu bringen, um einmal auf andere Gedanken zu kommen oder das gesamte Bild aus der Entfernung in seiner vollständigen Größe zu betrachten. Fraglich ist dabei nur, wie weit und wie lange wir uns von dem Problem fernhalten. Frage Dich selbst, wie Du an Problembewältigungen herangehst. Neigst Du dazu, Deine Schaffenspausen zur Lösung des Problems so weit auszudehnen, bis andere Deine Aufgaben gelöst haben? Oder neigst Du eher dazu, solange in einer Situation zu verharren und an Lösungsmöglichkeiten herumzufeilen, bis Du den Wald vor lauter Bäumen nicht mehr siehst? Nutze Deine Kreativität und Deine Erfahrungen, um Deine eigenen Probleme zu bewältigen und auch um andere zu unterstützen. Du hast mehr zu geben, als Du vielleicht im ersten Moment vermuten würdest, denn Deine Ratschläge werden von anderen gerne gefordert.

Hoffnungen und Ängste: Ähnlich wie bei einer Urlaubsreise, machst Du Dich auf den Weg, um neue Sichtweisen zu erlangen und kulturellen Austausch zu genießen. Du tauchst für eine bestimmte Zeit in ein anderes Leben ein, ohne Streß und ohne Zwänge, und läßt es Dir bewußt gutgehen. Nach Deinem Urlaub kehrst Du zurück in den Alltagstrott mit seinem Streß und seinen Zwängen – und läßt Dich vielleicht wieder unter Druck setzen, durch Streß, Probleme, Zwänge etc. Deine Situation hat sich durch die kurzfristige Flucht in ein anderes Erleben und Bewußtsein wenn überhaupt nur geringfügig geändert. Lerne bei dieser Karte, nicht nur zwischen Hoffen und Angst zu leben, sondern rette Dir Deine kleinen Inseln in das tägliche Leben. Erlaube Dir auch während des Alltags, Dir gutzutun, Dich dem Streß und den bestehenden Konventionen einfach einmal zu entziehen. Ziehe Dich für kurze Augenblicke zurück, betreibe Autogenes Training, Yoga, Tai Chi oder andere Körper-Geist-Übungen, die Dir helfen, Dich zu stabilisieren. Wandle die Hoffnungen und Ängste in Dir um in reine Energie.

Beachtenswert bei der Deutung der Karte

Du wendest Dich einem neuen Ziel zu, wobei nicht zwangsläufig eine tatsächliche Reise gemeint ist, sondern vornehmlich eine Neuorientierung. Du befindest Dich an einer Wegkreuzung und mußt Dich entscheiden, in welche Richtung Du Dich weiterhin bewegen möchtest. Im Gegensatz zu der Karte „Veränderung“ unternimmst Du hier jedoch keine tiefgreifenden Wandlungsprozesse, sondern mehr die kleinen Aus-Flüchte. Damit kann auch die Teilnahme an einer Veranstaltung gemeint sein, die Dich für eine kurze Zeit aus Deinen vier Wänden herausbringt.

Trotzdem kann mit der Karte eine ganz reale Reise gemeint sein, die Du selbst oder eine Dir nahestehende Person unternehmen möchte. Die Deutungsmöglichkeiten für diese Karte sind sehr vielseitig und widersprechen sich auf den ersten Blick teilweise sogar. Die nachfolgenden Deutungshinweise sind deshalb auch nur Anhaltspunkte. Wenn sehr gegenteilige Interpretationen möglich sind, findest Du sie aufgeführt. Versuche, anhand der Nachbarkarten zu ermitteln, welcher der Deutungsvorschläge Deiner Situation am nächsten kommt. Vermutlich wirst Du jedoch Deine eigene, ganz auf Deine Fragestellung passende Interpretation, nur selbst formulieren können.

Kurze Deutungshinweise mit anderen Karten

3	Ehestandskarte	Eine Hochzeitsreise/Eine Reise, die zu einer geschäftlichen Verbindung führt/ Ein Job in der Reisebranche
4	Zusammenkunft	Ein Cluburlaub/Ein geselliger Urlaub
5	Guter Herr	Eine Reise verläuft harmonisch; in umgekehrter Deutung: beschwerlich
6	Gute Dame	Man befindet sich auf einer Reise in guter Obhut, sollte jedoch nicht unvorsichtig werden
7	Angenehmer Brief	Dokumente und Verträge, die mit einer Reise zusammenhängen oder durch eine Reise entstehen
8	Falsche Person	Jemand mißgönnt die Reise
9	Veränderung	Fernweh, der Drang zu reisen
11	Viel Geld gewinnen	Eine fast unerreichbare Reise kann sich erfüllen
12	Reiches Mädchen	Auf einer Reise findet man Harmonie und Erfüllung
13	Reicher guter Herr	Sich mehr von den Träumen und der Intuition leiten lassen
14	Eine traurige Nachricht	Gute Nachrichten aus dem Ausland/ Jemand zieht fort/ Ein Abschiedsbrief
15	Guter Ausgang in der Liebe	Eine Reise führt die Partner wieder zusammen, oder man lernt auf einer Reise einen neuen Partner kennen
16	Seine Gedanken	Gemütsschwankungen und Unruhe; Unentschlossenheit und Wankelmütigkeit in der nächsten Zeit
17	Geschenk bekommen	Eine kleine Reise (oder etwas, was mit einer Reise zu tun hat) geschenkt bekommen
18	Ein kleines Kind	Die Vorfreude auf eine Reise/Die Reise zu einem lange erträumten Urlaubsort

19	Ein Todesfall	Eine Reise, um etwas zu beenden/Die Reise sollte noch einmal überdacht werden
20	Haus	Unbeweglichkeit und Starre lassen an Haus und Heim festhalten/Die Sehnsucht nach einem „Ankerplatz"
21	Wohnzimmer	Man möchte nicht gerne verreisen/ Man möchte zwar gerne verreisen, hängt aber (aus einem bestimmten Grund) an der Wohnung
22	Militärperson	Ein Bußgeld im Straßenverkehr/Ärger mit offiziellen Stellen im Urlaub/Der Hinweis auf einen streng durchorganisierten Urlaub, der kaum Freiraum läßt
23	Gericht	Eine Entscheidung, eine Reise betreffend, ist fällig
24	Diebstahl	Auf einer Reise geht etwas verloren
25	Zu hohen Ehren kommen	Durch eine Reise ergeben sich neue Perspektiven und Chancen
26	Großes Glück	Aus einer Reise neue Kräfte schöpfen
27	Unverhofftes Geld	Hilfe in einer prekären Situation
28	Erwartung	Eine Reise hat Auswirkungen auf den weiteren Lebensweg
29	Gefängnis	Es besteht die Gefahr, vor seinen Problemen davonzulaufen und vom Regen in die Traufe zu kommen
30	Gerichtsperson	Krach und Schwierigkeiten im Zusammenhang mit einer Reise
31	Kurze Krankheit	Eine Luftveränderung kann Heilung bringen
32	Kummer und Widerwärtigkeiten	Es könnten Sorgen durch eine Reise entstehen
33	Trübe Gedanken	Bei einer Reise (oder der Buchung) besteht die Gefahr, hereingelegt zu werden

34	Arbeit	Ein Aktivurlaub/Der Urlaub dient dazu, ein Problem zu lösen/Eine Dienstreise/Die „innere Kündigung“
35	Ein langer Weg	„Die Reise in das gelobte Land“/Man kennt das Ziel, aber nicht die Richtung
36	Die Hoffnung, großes Wasser	Man verbindet mit der Reise eine Hoffnung

11 Viel Geld gewinnen

Glück, Geld, kleine Gewinne

Beschreibung der Karte

Dominant ist in diesem Bild ein langgestreckter Schreibtisch, auf dessen Schreibfläche eine größere Summe Geld in Scheinen und *Münzen* zu sehen ist. Im angrenzenden Wandschrank liegt ebenfalls noch ein größerer Geldbetrag, der sich in Münzrollen und Geldsäckchen verpackt befindet.

Das Geld liegt offen herum, keine weitere Person befindet sich in diesem Raum.

Grundsätzliche Deutung der Karte

Du hast die Quelle Deines (inneren) Reichtums gefunden. Durch ein Schlüsselerlebnis hast Du bisher verborgene Talente, Stärken und auch Schwächen an Dir entdeckt, die Dir noch verborgen waren. Doch obwohl Du bereits spürst, wie sehr diese Erfahrung Dich bereichert, ahnst Du auch, daß da noch etwas mehr sein muß. Mache Dich auf die Reise, all Deine inneren Schätze zu entdecken, und teile Deine neugewonnenen Erfahrungen mit den Menschen, die Dir lieb und wichtig sind.

Manchmal bedeutet die Karte aber auch einen tatsächlichen, materiellen Gewinn, doch diese Chance ist relativ gering. Eher bedeutet die Karte für Dich noch, daß Du durch erfreuliche Erlebnisse kleine Gewinne in Deinem Leben erzielst. Ein freundliches Lächeln, ein nettes Kompliment, all diese kleinen Dinge tragen dazu bei, Dich in eine positive Stimmung zu versetzen und Dich das tagtägliche kleine Glück spüren zu lassen. Genieße diese Situationen, und gib auch Deine guten Gefühle an Deine Mitmenschen weiter – so wirst Du selbst zum Glücksbringer.

Partnerschaft: In Deiner Beziehung zu Menschen, die Du liebst, erfährst Du in dieser Zeit eine Woge emotionaler „Gewinne". Du wirst von sympathischen Gefühlen umgeben, und dieser Quell sprudelt im Moment fast unaufhörlich. Genieße diese Zeit, und nutze Dein Wohlgefühl, um Dir selbst und Deinem Partner gutzutun. Versuche nicht, die Gefühle festzuhalten oder erzwingen zu wollen, dann wird dieser Quell versiegen; laß' ihn deshalb einfach frei sprudeln und schöpfe daraus.

Selbsterkenntnis und Hintergründe: Geld und Gewinn bedeutet im übertragenen Sinn auch eine immer wiederkehrende Prüfung, denn nicht alleine die Frage, wie man mit dem (überraschend) erworbenen Gut und Glück umgeht, ist entscheidend, sondern auch das daraus resultierende Verlangen und die Fähigkeit, seine Besitztümer zu vermehren und/oder mit anderen zu teilen. Gehörst Du mehr zu den Leuten, die eifersüchtig und geizig jeden Pfennig für sich behalten und nur etwas von sich hergeben, wenn es unbedingt und zwingend notwendig ist, oder zählst Du zu denjenigen, denen Besitztümer kaum etwas bedeuten und die die Bedeutung materieller (oder auch innerer) Werte nicht zu erfassen vermögen. Irgendwo zwischen diesen beiden Extremen liegst Du mit Deiner persönlichen Einstellung zu Glück und Gut. Lerne, sowohl materielle Dinge als auch nicht meßbare emotionale Gaben zu schätzen, und lasse andere an Deinen Reichtümern teilhaben. Dabei überlege jedoch, wieviel Du tatsächlich benötigst, denn es ist nicht erforderlich, über den Hunger hinaus zu essen oder zu trinken, weil Du es nicht verwerten kannst – es wäre dann der Überfluß.

Konflikte: Besitzdenken, Egoismus und unerlöste Ängste sorgen dafür, daß Du Dich mehr an materielle Dinge bindest, als an die nicht greif- und meßbaren Werte wie Liebe, Glück und Gesundheit. Dadurch wirst Du von anderen für undankbar gehalten, und der Streit zwischen Euch dreht sich hauptsächlich um das Geld und um den Umgang damit. Lerne zu erkennen, daß Geld in unserer Welt zwar wichtig ist, um für sich und seine Familie den Lebensunterhalt zu sichern, doch bedeuten diese Güter nicht alles. Erfahre ganz bewußt den Reichtum an Gefühlen, den man Dir entgegenbringt, und löse Dich ein wenig vom täglichen „Existenzkampf".

Hoffnungen und Ängste: Der „Silberstreif" am Horizont, ein finanzieller Segen, alles was Dir im Moment guttut, ist willkommen. Du erhoffst Dir dadurch eine Verbesserung Deiner aktuellen Position und achtest bisweilen darauf, Dich mit bestimmten Statussymbolen auszustatten, um auch Deinem Umfeld zu zeigen, daß es Dir gutgeht. Du ängstigst Dich jedoch vor dem Verlust dieser kleinen Kompensationsartikel, die Du Dir angeschafft hast, denn innerlich würdest Du damit auch den Rückgang Deiner Glückssträhne und Deiner finanziellen Unabhängigkeit verbinden, und dies bedroht Dein Sicherheitsbedürfnis. Lerne, Dich nicht von Dritten abhängig zu machen, indem Du ihren Weg gehen willst. Umgib Dich nicht mit Dingen, die Dir nicht entsprechen, sondern frage Dich ganz bewußt „Was will ICH?", und bitte Deine innere

Führung, Dir bei der Umsetzung zu helfen. Dein Selbsterhaltungstrieb wird dafür sorgen, daß Du Deine Bewegungsfreiheit behalten kannst, auch ohne Statussymbole.

Beachtenswert bei der Deutung der Karte

Nicht jedesmal, wenn diese Karte erscheint, steht Dir ein materieller Gewinn ins Haus. Wenn Du Dich am Lottospiel oder einem ähnlichen Glücksspiel beteiligen möchtest, sei Dir das freigestellt, doch achte darauf, daß Du diese Karte nicht zu großzügig für Dich auslegst und der Gewinn, den Du erzielst, sich nachher nicht als kostspielige Erfahrung entpuppt, die zwar demnach nicht ohne Wert, aber andererseits nicht mit Geld aufzuwiegen ist. Beobachte Dein Umfeld, und entdecke anhand der Karten, in welchen persönlichen Lebensbereichen Du in der nächsten Zeit bereit bist, Glück und kleine Gewinne zu erhalten.

Kurze Deutungshinweise mit anderen Karten

3	Ehestandskarte	Man bemüht sich, eine Beziehung zu festigen
4	Zusammenkunft	Ein (geschäftliches) Treffen verheißt einen großen Glücksgriff
5	Guter Herr	Eine Auseinandersetzung reinigt wieder die Luft
6	Gute Dame	Eine vertraute Person sorgt für sorgenfreie Zeiten
7	Angenehmer Brief	Ein Brief enthält gute Nachrichten; auch: auf versteckte Tips hören, um die größtmögliche Ausbeute zu erhalten
8	Falsche Person	Nicht nach den Sternen greifen; und Vorsicht vor Spekulanten
9	Veränderung	Eine glückliche Phase bringt eine weitreichende Veränderung mit sich
10	Reise	Eine fast unerreichbare Reise kann sich erfüllen
12	Reiches Mädchen	Man neigt dazu, allzu leichtfertig mit seinem Glück umzugehen
13	Reicher guter Herr	Das Glück (und das Geld) für sich arbeiten lassen
14	Eine traurige Nachricht	Mit der Nachricht sind (finanzielle) Vorteile verbunden
15	Guter Ausgang in der Liebe	Gute Chancen für die Liebe
16	Seine Gedanken	Die nächsten Zeiten werden etwas unbestimmter, aber es besteht kein Grund zur ernsthaften Sorge
17	Geschenk bekommen	Das Geschenk bedeutet eine Überraschung, die gut angesehen wird
18	Ein kleines Kind	Im Moment läuft alles prima; man kann die Zeit unbeschwert genießen
19	Ein Todesfall	Die Beendigung einer Situation oder Sache ist mit finanziellen Vorteilen verbunden

20	Haus	Man fühlt sich zu Hause rundum glücklich
21	Wohnzimmer	Das Heim ist der „Himmel auf Erden“
22	Militärperson	Man versucht, mit dieser Hochphase sehr selbstdiszipliniert umzugehen
23	Gericht	Ein guter Ausgang zeichnet sich ab/ Man erhält etwas zugesprochen
24	Diebstahl	Hier versucht jemand, unrechtmäßig ein Stück von Deinem Glück abzukriegen
25	Zu hohen Ehren kommen	Man gerät in eine Schlüsselposition; hier geht es darum, etwas aus dieser Situation zu machen
26	Großes Glück	Besser kann es kaum laufen!
27	Unverhofftes Geld	Ein glückliches Zusammentreffen vieler positiver Geschehnisse
28	Erwartung	Überprüfen, ob man die Erwartungen nicht zu hoch ansetzt
29	Gefängnis	Trotz der allgemein glücklichen Situation fühlt man sich eingeengt und isoliert
30	Gerichtsperson	Es geht in diesem Streit um Geld
31	Kurze Krankheit	Schlaf tut Dir gut; ruhe Dich aus
32	Kummer und Widerwärtigkeiten	Eine Warnung, nicht zu überschwenglich und leichtsinnig zu sein
33	Trübe Gedanken	Glück im Unglück; Dir kann im Moment keiner etwas anhaben
34	Arbeit	Der Zugewinn bedeutet gleichzeitig eine Menge Arbeit
35	Ein langer Weg	Hier ist eine Entscheidung fällig, die sich weit in die Zukunft erstreckt (= bedeutsam ist)
36	Die Hoffnung, großes Wasser	Der weitere Verlauf ist ungewiß/Glück ist launisch; man darf das Glück zwar genießen, sollte aber ein wenig umsichtiger sein

12 Reiches Mädchen

Naivität, Unerfahrenheit, Leichtsinn

Beschreibung der Karte

Fast das gesamte Mittelfeld der Karte wird von einer stehenden jungen Frau eingenommen, die sich mit ihrem linken Ellbogen auf einen kleinen *Mauer*vorsprung (im mittleren Bereich der Karte) stützt. Auf dem Mauervorsprung wird ebenfalls ihr *Hut* sichtbar, den sie scheinbar kurz zuvor abgenommen hat. Hinter dem Mädchen rankt sich dichtes Laubwerk. Ihre äußere Erscheinung wirkt zunächst relativ schlicht, doch die Besätze an den Kleidsäumen lassen auf edle Materialien schließen wie auch die Brosche, die sie am Kragen trägt. Ihre blaue Schärpe ist ihr von den Schultern herabgesunken und fällt nun (nach-)lässig über ihren Arm und die Hüften; das rechte Ende faßt sie mit ihrer linken Hand, damit es nicht vollends zu Boden gleitet. Ihre rechte Hand stützt sie leicht auf die linke Hand auf, ihr Blick geht verträumt am Betrachter der Karte vorbei.

Grundsätzliche Deutung der Karte

Im Rahmen dieser Karte begegnen Dir diejenigen Bereiche und Verhaltensmuster in Deinem Leben wieder, in denen Du vorschnell, unüberlegt und manchmal auch mit zu großer Leichtsinnigkeit und Naivität handelst. Da blickst Du zuweilen verträumt auf Dein Bild einer schönen und heilen Welt und siehst, was Du sehen möchtest, denn Dein Blick ist in dieser Sache der Realität entrückt.

Doch die Karte ist deshalb nicht ausschließlich eine „Warnkarte“ vor uns selbst, denn sie regt auch zu ernste und besonnene Menschen dazu an, sich einmal nicht über alles den Kopf zu zerbrechen, sondern auch einmal mit Hilfe der Phantasie die Gebilde in den Wolken zu erkennen. Auch wenn dies auf den ersten Blick keinen tieferen Sinn macht, es heißt im Zusammenhang mit dieser Karte, auch der Seele Flügel zu verleihen. Denn hauptsächlich stellt die Karte Deine Intuition und Deine Verbundenheit sowohl zur irdischen, als auch zur geistigen Welt dar. Du kannst Mittler sein zwischen den Welten, wenn Du lernst, Deine inneren Botschaften und Bilder richtig zu erkennen und zu deuten.

Partnerschaft: Überprüfe Deine eigene Denk- und Handlungsweise. Wo und aus welchem Grund entstehen Deine Probleme mit dem Partner? Manchmal neigt man dazu, sich zu leichtgläubig zu verhalten, und deshalb gerät man immer wieder an den/die Falsche(n). Oder tendierst Du dazu, die romantischen und der Außenwelt entrückten Momente im Leben durch zu ernsthafte Debatten über Nichtigkeiten zu ruinieren? Doch das, was Du suchst, sind nicht die unbeständigen Momente und die Auseinandersetzung, sondern Verständnis, Nähe und Seelenverwandtschaft. Solange Du diese Aspekte in einer Partnerschaft nicht verwirklichen kannst, wirst Du weiter auf der Suche sein. Bevor Du nun wieder übereilt einen unüberlegt gefaßten Entschluß in die Tat umsetzt, denke darüber nach, ob Du nicht eigene deutliche Signale an Deinen Partner senden kannst, um ihm Deine Bedürfnisse mitzuteilen, und so eine gleiche Wellenlänge zu erzeugen. Probiere es ruhig einmal aus – und nimm Dir Zeit dafür.

Selbsterkenntnis und Hintergründe: Das Thema für Dich ist die Verbindung zwischen Realität und Traumwelt. Hinsichtlich der Wirklichkeit gibt es um uns herum klar strukturierte Vorgaben über die Situation, die wir antreffen. Ob sie uns so gefällt, wie sie sich uns darstellt, ist dabei nicht von *wirklicher* Bedeutung, denn in unserer Bilderwelt können wir eine Scheinrealität aufbauen, in der wir nach unserem eigenen Gestaltungswillen agieren. So kannst Du in eine Rolle schlüpfen und Dir eine Maske zulegen, die Dir gefällt. In Deiner inneren Welt der Imagination ist dies auch alles in Ordnung, doch wo neigst Du dazu, Deine Rolle mit in die Realität zu übernehmen?

Du entziehst Dir auf diese Weise selbst das Gefühl der Erdverbundenheit, weil Du Dich bewußt-unbewußt von Deinem tatsächlichen Selbst entfernst, um nachzuleben, was Du als schöne, bewundernswerte Rolle für Dich angenommen hast. Doch eine fehlende Erdung bedeutet auch den Verlust des Verständnisses für Probleme, die eigenen und die anderer. Somit erkennst Du nicht mehr, was sich in der „wirklichen Welt" abspielt, und die Lösung auftretender Schwierigkeiten und Probleme überläßt Du den Eltern, dem Partner oder den Freunden. Dadurch geht auch der Blick für die Feinheiten verloren, und Du wirst anfällig für „falsche Freunde" und schlechte Ratgeber, die es scheinbar gutmeinen, doch aus der Beziehung nur ihren eigenen Nutzen ziehen. Diese Karte bedeutet also für Dich eine Aufforderung, wirklich selbstkritisch zu sein und zu hinterfragen, wann Du Dich aus eigener Bequemlichkeit oder Naivität zu weit zurücklehnst und die Führung und Selbstbestimmung über das eigene Leben an andere abgibst und Dich so von der Stabilität und Erdverbundenheit selbst ausschließt.

Konflikte: Du bist im Innern Deines Wesens sensibel und empfänglich für das Empfinden und Denken Deiner Mitmenschen. Doch durch diese offene Art wirst Du auch selbst verletzlich. Intuitiv kannst Du die Situationen erfassen, doch gelegentlich läßt Du Dich von den Gefühlen Deiner Mitmenschen anstecken und versuchst, diese für sie aufzuarbeiten. Nimmst Du beispielsweise sehr starken Streß bei einem Mitmenschen wahr, dann verfällst Du selbst in Hektik, um ihre/seine Probleme schnell zu lösen und dieses unangenehme Gefühl loszuwerden. Die Auswirkung ist, daß Du durch diese Resorption der Emotionen häufig aus dem Gleichgewicht gerätst und Deine innere Führung es schwer hat, sich durch den Gefühlsdschungel fremder Menschen durchzukämpfen.

Die Verdrängung Deines eigenen Wesens und Deiner Gefühle macht Dich tief in Deinem Innern unzufrieden, und dadurch eskalieren Deine Emotionen; die Verursacher Deiner Unruhe stehen vermutlich nur fassungslos daneben und halten Dich aller Wahrscheinlichkeit nach für nicht belastbar. Lerne, Dich gegen die Gefühle derer zu schützen, die Dich nur als emotionalen Blitzableiter oder Mülleimer benutzen, da sie selbst nicht Herr ihrer Empfindungen und ihres Wesens sind. Praktiziere (gymnastische) Übungen, die Dir helfen, Dein Körper- und Geist-Bewußtsein wieder richtig wahrzunehmen. Je stabiler Du wirst, desto unanfälliger wirst Du für die Attacken Deiner Mitmenschen.

Hoffnungen und Ängste: Du trägst die Hoffnung in Dir, den Kontakt zu Deiner Inneren Führung wieder herzustellen und Dich von ihr leiten zu lassen. In Dir regt sich das gesamte Potential Deiner Fähigkeiten an Intuition, Heilung und Kreativität, aber auch der Geduld und der Weisheit, und Du verspürst dies im Moment wahrscheinlich noch mit gemischten Gefühlen. Dich selbst neu zu entdecken ist eine abenteuerliche Aufgabe, der Du jedoch ohne weiteres gewachsen bist. Lasse es nur zu, daß Du an Stabilität gewinnst, um aus der Unsicherheit der vergangenen Zeit zu lernen. Ängstige Dich nicht vor Bemerkungen und Vorwürfen, die Deine bisherige Lebensweise betreffen. Wer läßt sich schon gerne sagen, daß er aus reiner Blauäugigkeit in eine Situation geraten ist, die er mit seinem vertrauensseligen Verhalten vielleicht sogar noch provoziert hat. Niemand möchte gerne ausgenutzt werden – und dies alles steckt hinter dieser Karte. Doch im positiven Aspekt bringt sie auch die Kindlich-naive Hoffnung mit sich, die uns optimistisch werden läßt, so daß wir nicht unberechtigt darauf vertrauen können, daß sich alles schon wieder regeln wird. Du mußt auf Deine Weise neu laufen lernen. Halte Dich wie ein kleines Kind noch an der Tischkante fest, bis Du die ersten freien Schritte machen willst – ein bißchen Übung braucht es schon, aber es gibt keinen Grund, warum Du es nicht schaffen solltest.

Beachtenswert bei der Deutung der Karte

Der wichtigste Schritt bei dieser Karte ist, zunächst Geduld zu üben und bedächtig an die Lösung des Problems heranzugehen. Jeder übertriebene Eifer wäre für Dich kontraproduktiv und würde demnach das genaue Gegenteil dessen bewirken, was Du bezweckst. Analysiere die Situation für Dich in aller Ruhe, und versuche vor allen Dingen, auch einen Blick hinter die Masken zu werfen. Manches sieht in der Realität vielleicht doch ganz anders aus, als Du es Dir vorgestellt hast. Du trägst alle Möglichkeiten zu einer effektiven Transformation in Dir. Erlaube Deinem inneren Selbst, Dir dabei zu helfen, den richtigen Weg zu finden.

Kurze Deutungshinweise mit anderen Karten

3	Ehestandskarte	Eine übereilte, unüberlegte Partnerschaft
4	Zusammenkunft	Man geht schlecht vorbereitet zu diesem Treffen
5	Guter Herr	Deine gesicherte Position ist gefährdet
6	Gute Dame	Man wird vor der eigenen Naivität gewarnt
7	Angenehmer Brief	Eine Nachricht, deren Botschaft man nicht genau versteht
8	Falsche Person	Du gibst durch Deine Naivität Hinterhältigkeiten Vorschub
9	Veränderung	Man geht unter naiven (falschen) Vorstellungen an diese enorme Veränderung heran
10	Reise	Auf einer Reise findet man Harmonie und Erfüllung
11	Viel Geld gewinnen	Man neigt dazu, allzu leichtfertig mit seinem Glück umzugehen
13	Reicher guter Herr	Erfolge stellen sich ein, ohne das man sie bezwecken wollte
14	Eine traurige Nachricht	Die eigene Naivität und Vertrauensseligkeit in eine Person oder Sache verursacht Probleme
15	Guter Ausgang in der Liebe	Man neigt dazu, den Partner durch eine rosarote Brille zu betrachten
16	Seine Gedanken	Man grübelt über die eigene Situation nach, weiß aber nicht, wie man sich verhalten soll
17	Geschenk bekommen	Ein naives, unschuldiges Geschenk/ Man macht sich keine Gedanken darüber
18	Ein kleines Kind	Man reagiert zu vorschnell und unüberlegt

19	Ein Todesfall	Unschuld und Naivität bringen große Probleme mit sich
20	Haus	Man verhält sich aus einer besonders stabilen Position heraus unüberlegt
21	Wohnzimmer	Harmonie (und auch erfüllende Sexualität) im eigenen Heim
22	Militärperson	Man neigt dazu, die Dinge laufen zu lassen
23	Gericht	Man geht zu unbedarft an die Sache heran
24	Diebstahl	Man verliert die „Unschuld“, d. h. man wird in einer Sache unsanft auf den Boden der Tatsachen zurückgeholt
25	Zu hohen Ehren kommen	Man bringt es zu etwas, ohne sich über die Durchführung Gedanken zu machen
26	Großes Glück	Man hat trotz aller Naivität zumeist Glück
27	Unverhofftes Geld	Ohne Berechnung und auf ehrliche, aufrichtige Art und Weise kommt man weiter
28	Erwartung	Man gibt sich unüberlegten, naiven Hoffnungen und Erwartungen hin
29	Gefängnis	Man ist derzeit kaum in der Lage, sich durch Überlegungen aus dieser Verstrickung zu befreien
30	Gerichtsperson	Man geht zu unschuldig oder naiv an eine Sache heran
31	Kurze Krankheit	Probleme im Unterleib/im sexuellen Bereich
32	Kummer und Widerwärtigkeiten	Man hat sich durch das eigene, unschuldige Verhalten in Schwierigkeiten gebracht/Man versteht die gesamte Aufregung nicht

33	Trübe Gedanken	Man zweifelt an sich selbst
34	Arbeit	Man geht mit zu naiven Vorstellungen an diese schwere Arbeit (Problemlösung) heran
35	Ein langer Weg	Man neigt dazu, die Dinge laufen zu lassen
36	Die Hoffnung, großes Wasser	Man hält in naiver Weise an den Zielen und Hoffnungen fest, ohne sich dafür zu engagieren

13 Reicher guter Herr

Produktivität, Lässigkeit, Geschäftstüchtigkeit

Beschreibung der Karte

Auf einem hochlehnigen gepolsterten Stuhl sitzt im zentralen Bereich der Karte ein adrett gekleideter junger Mann, den rechten Arm zur linken Bildseite hin angewinkelt. In seiner linken Hand hält er ein weißes Blatt Papier, das symbolhaft für einen Scheck oder eine Börsennotiz steht. In der rechten Bildmitte befindet sich ein Beistelltisch, auf dem zahllose *Münzen* herumliegen und einige Geldrollen. Der Gesichtsausdruck des jungen Manns ist freundlich, doch er scheint in sich selbst versunken über die bereits erreichten Ziele und Gewinne nachzudenken.

Grundsätzliche Deutung der Karte

Im Moment läuft bei Dir alles ganz lässig und locker. Du erreichst Deine Ziele, ohne Dich dafür anstrengen zu müssen. Alles, was die Arbeit betrifft und was mit dem Verb arbeiten zusammenhängt, ist derzeit von großer Ergiebigkeit. Ob Dein Geld „arbeitet“ oder Du Hausarbeiten erledigen mußt, alles geht Dir fließend von der Hand, ohne daß es Dir in der aktuellen Situation bewußt ist. Doch lehne Dich einmal zurück, und schau auf die Erfolge in der letzten Zeit.

Partnerschaft: Es wird klar, daß Deine zwischenmenschlichen Beziehungen in der letzten (und auch aktuellen) Zeit sehr fruchtbar waren. Dies hat nichts mit dem eigentlichen Begriffsgebrauch für Finanzen oder Kinder zu tun, sondern bedeutet erfüllende Gefühle und Transformation, die man durch die Partnerschaft erzielen kann. Der Partner steht zu Dir und hilft Dir dabei, Deine eigenen Ziele zu verwirklichen. Erkenne die Möglichkeiten, die Du durch diese Partnerschaft erhältst, zeige Dich großzügig, und revanchiere Dich für die Protektion die Du bekommen hast.

Der Begriff der Partnerschaft konzentriert sich nicht alleine auf einen Lebenspartner, sondern beinhaltet auch die Beziehungen zu nahen Verwandten, engen Freunden und Wahlverwandtschaften. Ganz unbewußt hast Du mit Deinen Mitmenschen einen Zustand erreicht, in dem die Gefühle zwischen Euch frei fließen konnten. Dies wird auch in der nächsten Zeit noch möglich sein, jedoch nur, wenn Du nicht versuchst, aktiv in das Geschehen und diese Qualität einzugreifen. Nur durch eine entspannte, unverkrampfte Haltung Deinen Mitmenschen gegenüber wirst Du den Energiefluß aufrechterhalten können. Wenn Du aus Ängsten vor Gefühlsverlust heraus versuchst, diese positiven Gefühle an Dich zu binden, wirst Du das ungehinderte Fließen verhindern. Deshalb: Sei entspannt, und genieße die jetzige Situation!

Selbsterkenntnis und Hintergründe: Sei zufrieden! Dieser Aufruf ist mitunter notwendig, denn ab und an ist es erforderlich, daß wir unsere Ziele neu definieren und dazu auch eine objektive Rückschau durchführen, um uns vor Augen zu halten, was wir alles bereits erreicht haben. Es geht darum, ein hohes Ziel zu meistern und nicht direkt den nächsten Gipfel anzuvisieren, ohne die vorhergehenden Entbehrungen und Strapazen mit Zufriedenheit zu betrachten und ein wenig zu feiern. Manche Dinge erscheinen uns bedeutungslos, wenn wir sie erreicht haben, doch in den meisten Fällen sind diese kleinen Ziele wichtige Etappen auf dem Weg zum Gipfel. Zelebriere Deine Erfolge, nicht auf prahlerische Weise, sondern durch Anerkennung und Selbstachtung. Dein inneres Selbst hat eine erstaunliche Leistung vollbracht, und es hat auch ein Recht darauf, dafür geliebt und gelobt zu werden.

Konflikte: Du hast eine gute Verbindung zu Deiner inneren Führung, der Du es intuitiv zeitweise überläßt, Dein Leben mitzubestimmen. Doch nicht jeder ist bereit, sich den Erfahrungen und Erkenntnissen zu überlassen und mit seinem Selbst, seinem eigenen Wesen, Kontakt aufzunehmen. Dieser gestörte Energiefluß hemmt den Austausch zwischen dem Bewußtsein und dem Unbewußt-Sein; damit wird die Produktivität zur Gier, die Lässigkeit zur Arroganz, das Selbstverständnis zur Intoleranz. Man gerät in Konflikt mit sich selbst (Gewissenskonflikt) und mit seinen Mitmenschen. Erst die Heilung der Verbindung zwischen innerer Führung und Bewußtsein wird erreichen, daß immer wiederkehrende Probleme für die Zukunft zufriedenstellend aufgelöst werden können.

Hoffnungen und Ängste: Du hoffst auf Unabhängigkeit, Wohlstand und Selbstverwirklichung, doch im Rucksack schulterst Du gleichzeitig die Furcht vor Verlusten, Erniedrigung und Ergebnislosigkeit. Es gilt für Dich, hier zu überprüfen, wie stark diese Hoffnungen oder Ängste Dein eigenes Leben beeinflussen, denn es besteht die Möglichkeit, daß sie zu einer Hauptantriebsfeder geworden sind (oder werden), die erst die Basis für weitere Handlungen gibt. Wenn Du die Bewußtmachung solcher Zwänge erreichst, kannst Du für Dich viele nützliche Erfahrungen machen, um auf der Lebens-Erfolgsleiter ein paar Stufen höher zu steigen.

Beachtenswert bei der Deutung der Karte

Diese Karte zu leben ist nicht ganz einfach, denn hier geht der Appell an die Selbstverwirklichung. Entstehen um uns herum größere Schwierigkeiten, die wir scheinbar derzeit nicht in den Griff bekommen, dann fällt es vielen sehr schwer, sich zurückzulehnen und dieses Problem auszusitzen beziehungsweise zu entscheiden, wann der richtige Zeitpunkt für unser Handeln gekommen ist. Der Verstand drängt sich über das Selbst und nimmt ihm jeden Handlungsspielraum – und wir lassen dies in aller Regel zu, ohne uns selbst zu schützen.

Manchmal ist es jedoch notwendig, genau auf die innere Stimme zu hören, da es Situationen gibt oder Entscheidungen gefordert werden, die sich nicht nach mathematisch-logischen Gesetzmäßigkeiten berechnen lassen. Dort wo die Definitionen der Gegensatzpaare logisch/unlogisch, wahr/falsch usw. nicht gelten, ist ein Urteil von Dir gefordert, das Du nicht alleine mit Deinem Verstand zu geben vermagst.

Kurze Deutungshinweise mit anderen Karten

3	Ehestandskarte	Eine fruchtbare Beziehung; man erreicht zusammen sehr viel
4	Zusammenkunft	Von diesem Treffen wird man profitieren
5	Guter Herr	Man ist mit sich selbst nicht im Reinen
6	Gute Dame	Das Unterbewußtsein wehrt sich gegen etwas; hier gilt es, die eigenen Bedürfnisse genau zu erkennen
7	Angenehmer Brief	Man erhält eine Nachricht, die die eigene Situation verbessert, ohne daß man sich selbst darum bemüht hat
8	Falsche Person	Jemand stürzt Dich in Selbstzweifel
9	Veränderung	Man geht recht lässig, aber trotzdem erfolgreich an diese Sache heran
10	Reise	Sich mehr von den Träumen und der Intuition leiten lassen
11	Viel Geld gewinnen	Das Glück (und das Geld) für einen arbeiten lassen
12	Reiches Mädchen	Erfolge stellen sich ein, ohne das man diese bezweckt hat
14	Eine traurige Nachricht	Ein Geldsegen steht ins Haus
15	Guter Ausgang in der Liebe	Eine musische/inspirative Beziehung; oder eine rein geschäftliche Verbindung
16	Seine Gedanken	Man mißt die eigenen Erfolge zu gering
17	Geschenk bekommen	Ein gutgemeintes Geschenk, das nicht mit Bedacht ausgewählt wurde
18	Ein kleines Kind	Ein fruchtbares Unternehmen/Ein lässig erreichtes Ziel
19	Ein Todesfall	Die Sache findet einen guten Ausgang, man verhält sich intuitiv richtig

20	Haus	Durch leichtgemachte Erfolge kann man das Selbstwertgefühl verbessern; oder: Durch geringen Mitteleinsatz kann man ein Haus erhalten
21	Wohnzimmer	Sich im Heim/zu Hause wohl fühlen
22	Militärperson	Man erreicht sein Ziel wahrscheinlich etwas eher, wenn man etwas lockerer an die Sache herangeht
23	Gericht	Diese Entscheidung fällt einem nicht schwer
24	Diebstahl	Es handelt sich um kleine, kräftezehrende Aktionen, die die Produktivität lähmen
25	Zu hohen Ehren kommen	Die Karriereleiter und der soziale Aufstieg bieten im Moment kaum Hürden
26	Großes Glück	Im Augenblick kann man ohne große Anstrengungen Gewinne ernten
27	Unverhofftes Geld	Das Unterbewußtsein kommt Dir zur Hilfe
28	Erwartung	Abwarten verhilft in dieser Situation zum größeren Gewinn
29	Gefängnis	Man fühlt sich dem Erfolg verpflichtet
30	Gerichtsperson	Man reagiert verhalten auf die Situation/Man wartet ab (eventuell zu lange!)
31	Kurze Krankheit	Die Gedanken sind blockiert
32	Kummer und Widerwärtigkeiten	Die eigene Produktivität und Leistungsfähigkeit ist nicht unendlich verfügbar; keinen Raubbau mit den eigenen Kräften und Fähigkeiten treiben
33	Trübe Gedanken	Mit dieser Situation sind unbewußte Ängste verbunden

34	Arbeit	Es ist noch einiges an Arbeit zu erledigen, bevor sich die ersten größeren Gewinne zeigen
35	Ein langer Weg	Man kann die Sache locker angehen, auch wenn es noch etwas dauern wird, bis sich der Erfolg einstellt
36	Die Hoffnung, großes Wasser	Man erreicht mit Lässigkeit viele der gesteckten Ziele, doch besteht die Gefahr, daß man unachtsam wird

14 Traurige Nachricht

Benachrichtigung, Meldung, Mitteilung, Emotionen

Beschreibung der Karte

Im Mittelpunkt der Karte sitzt eine Frau, einen *Brief* in der Hand haltend. Mit einem Taschentuch tupft sie sich die Tränen aus den Augen. Ihr Gesamtausdruck gibt den Hinweis darauf, daß sie eine Nachricht oder Mitteilung erhalten hat, die ihre Gefühle berührt, wobei es sich nicht unbedingt um Trauer oder Verzweiflung handeln muß, obwohl ihre schwarze Bekleidung im ersten Anschein darauf hindeutet.

Der Hintergrund gibt durch ein *Fenster* den Blick auf die Straße und Nachbarhäuser frei.

Grundsätzliche Deutung der Karte

Du erhältst Nachrichten, die Deine Gefühle betreffen, die Dich berühren. Diese Nachrichten bringen Dich soweit, daß Deine Emotionen sich im ersten Moment selbständig machen und Du vom Inhalt der Neuigkeiten überwältigt wirst. Diese Karte steht für allgemeine Informationen, so daß Du den Inhalt mit weiteren Karten genauer definieren mußt. Dabei wird auch ersichtlich werden können, ob die Botschaften in Dir eher positive oder negative Gefühle auslösen.

Partnerschaft: Etwas in Dir läßt Deine Gefühle sich aufstauen, die so gerne frei fließen möchten; irgend jemand (oder sogar Du selbst) hindert Dich daran. Versuche zu ergründen, ob längst vergessene Geschehnisse und Beziehungen Deine aktuelle Partnerschaft immer noch beeinflussen. Gehe an Deine Grenzen, und suche nach den Dingen, die Du gut verborgen hältst, ja vielleicht aus Deinem Bewußtsein verdrängt hast. Dies kann eine schwere Aufgabe sein, und vielleicht benötigst Du fachliche Hilfe dabei. Doch sei zuversichtlich, daß Du bereits auf dem besten Wege bist, die Lösung Deiner Verflechtungen zu bewirken.

Selbsterkenntnis und Hintergründe: Wie gehst Du mit Nachrichten um, die Dich unvorbereitet ereilen? Manche Menschen neigen in solchen Momenten zur emotionalen (Über-)Reaktion. Zumeist weist dies darauf hin, daß wir Hoffnungen und Sehnsüchte oder Ängste und Scham unterdrückt haben, wie auch die Gefühle der Zuneigung oder Ablehnung. Auf die Dauer erzeugt dies einen Druck, der besondere Situationen dazu benötigt, um sich entladen zu können, da der freie Energiefluß blockiert ist.

Vielleicht neigt man gar dazu, andere mit den eigenen Emotionen zu erpressen, indem man plötzlich erkrankt, wenn ein angekündigter Besuch nun doch nicht stattfinden soll o. ä. Diese Karte gibt dazu auch Hinweise auf Selbstmitleid hinsichtlich eines Ereignisses, das einen emotional getroffen hat. Doch anstatt sich aus dieser Situation zu befreien, verharrt man darin. Manchmal ist es eben einfacher, den Märtyrer zu spielen, als sich aufzuraffen und ein Held zu sein.

Versuche zu erkunden, wo Deine Gefühle die Macht über Dich haben, wo Du unfrei und unterdrückt bist. Mache Dir diese Probleme bewußt, damit Du sie lösen kannst.

Konflikte: Aus Deinen aufgestauten Gefühlen resultieren auch Deine Konflikte mit dem Umfeld. Doch wo liegt die Ursache für diese Unterdrückung? Manchmal ist es so, daß wir unsere Emotionen als Waffe gegen andere einsetzen. Dies hängt unter anderem mit dem Lernprozeß zusammen, den wir zeitlebens durchlaufen. Wenn wir krank sind, wird uns mehr Aufmerksamkeit geschenkt, also benutzen wir die Krankheit als kompensatorisches Mittel, um die Aufmerksamkeit zu erlangen. Doch irgendwann verpufft die Wirkung dieses Tricks, und so werden die Krankheiten und deren Verlauf immer lebensbedrohlicher und dramatischer. Auch der bewußte Einsatz von Tränen, als Zeichen der Enttäuschung und emotionale Erpressungen, ausgedrückt in Wort, Mimik und Gestik, werden dazu benutzt, um von unserem Gegenüber das zu erhalten, was wir wünschen – und was wir im Normalfall nicht erhalten würden. Forsche nach, wo Du unlautere Mittel einsetzt, um Deine Ziele zu verwirklichen und somit in Konflikt mit Deinem Umfeld gerätst. Werde Dir bewußt, daß Du an dieser Stelle eine Opferrolle einnimmst, um Macht über den anderen zu erhalten, der damit zu Deinem Opfer wird. Versetze Dich in dessen Situation, und ergründe, wie Du Dich an seiner Stelle fühlen würdest. Verwandele diese zerstörerischen Elemente Deiner Kraft durch Bewußtmachung in positive Energie, und lerne, auch einmal zugunsten anderer zu verzichten.

Hoffnungen und Ängste: Du bist ein sehr emotionaler Mensch und dadurch in der Lage, Dich in die Denk- und Fühlweise des anderen hineinzuversetzen. Deine intuitiven Kenntnisse über Ursache und Wirkung von Gefühlen lassen Dich schnell erkennen und erspüren, wie es in Deinem Gegenüber vorgeht. Gerade da Du Deine Emotionen in einer solchen Bandbreite empfinden und ausleben kannst, hast Du besondere Angst davor, mit den unangenehmen Seiten konfrontiert zu werden. Gefühle wie Zorn, Trauer, Furcht, Ekel oder Scham werden für Dich zu kleinen Höllen; in der Liebe, der Freude und der positiven Überraschung erlebst Du hingegen die Sonnenmomente ganz intensiv. Die Tiefe Deiner Gefühle und die Angst vor Zurücksetzung, Liebesentzug oder Unvollkommenheit (wer ist schon vollkommen?!) unterdrücken Deine freie Entfaltungsmöglichkeit und auch die Chance, durch positive Erfahrungen Dein Selbstbewußtsein zu stabilisieren. Du trägst vielleicht schon seit sehr vielen Jahren Gefühlshülsen in Dir, die nicht mehr das wahre Gefühl beinhalten, sondern mehr einem Computerprogramm gleichen, das in einem bestimmten Schema abläuft. Hoffe und vertraue darauf, daß Deine innere Führung Deine Defizite erkennt, und mache Dich auf die Suche nach Deinem wahren, unverletzlichen Selbst. Wenn Du es findest, werden die dunklen Schatten weichen, und Deine Emotionen werden wieder frei und unbelastet.

Beachtenswert bei der Deutung der Karte

Die erste und entscheidende Frage ist hier grundsätzlich, welchen Inhalt die Nachrichten haben, die Du erhältst. Die Nachbarkarten werden Dir dabei helfen, etwas Genaueres zu erfahren, doch wenn Du nicht ganz sicher bist, kannst Du einige ergänzende Karten zu dieser Frage ziehen.

Laß Dich nicht von „drohenden, unheilvollen Nachrichten" erschrecken, sondern mache Dir bewußt, daß hier eine Zeit anbricht, in der Du Chancen für Deine persönliche Weiterentwicklung erhältst, wobei Du die Mittel zur Problembewältigung immer in Dir trägst. Es gilt nur, sie Dir selbst bewußt zu machen und richtig zu benutzen.

Kurze Deutungshinweise mit anderen Karten

3	Ehestandskarte	Eine freudige Nachricht von einer nahestehenden Person, evtl. eine Heirat oder eine ähnliche Verbindung
4	Zusammenkunft	Eine Verabredung bzw. eine versprochene Nachricht oder Einladung verzögert sich wahrscheinlich noch
5	Guter Herr	Jemand, von dem Du es nicht erwartest, greift mit Worten an
6	Gute Dame	Jemand fühlt mit Dir und versucht zu helfen; dies mildert zwar die Situation, verändert sie aber nicht
7	Angenehmer Brief	Eine scheinbar unadressierte Nachricht enthält zwischen den Zeilen wichtige Informationen
8	Falsche Person	Hüte Dich vor falschen Freund(inn)en
9	Veränderung	Mit der Nachricht wird das Ende eines Prozesses und der Anfang einer neuen Entwicklung angezeigt
10	Reise	Gute Nachrichten aus dem Ausland/ Jemand zieht fort: Ein Abschiedsbrief
11	Viel Geld gewinnen	Mit der Nachricht sind (finanzielle) Vorteile verbunden
12	Reiches Mädchen	Die eigene Naivität und Vertrauensseligkeit in eine Person oder Sache verursacht Probleme
13	Reicher guter Herr	Ein Geldsegen steht ins Haus
15	Guter Ausgang in der Liebe	Jemand, der einem am Herzen liegt, meldet sich; die Zeit der Unsicherheit wird beendet/Ein Liebesbrief
16	Seine Gedanken	Rückbesinnung und Meditation helfen
17	Geschenk bekommen	Einladungen und gute Neuigkeiten, freudige Überraschung
18	Ein kleines Kind	Gute Chancen und gute Neuigkeiten, eine neue Chance

19	Ein Todesfall	Eine Nachricht bringt starke Veränderungen oder möglicherweise auch die Nachricht über einen Todesfall; die Nachricht erfordert auf jeden Fall Beachtung und Bewußtmachung
20	Haus	Es geht um Haus und Heim
21	Wohnzimmer	Man fühlt sich nicht wohl in der Wohnung/Eine Nachricht, die die Wohnung betrifft
22	Militärperson	Jemand steht helfend und schützend zur Seite
23	Gericht	Belastender Ent- oder Bescheid/ Ladung vor Gericht/Ein Urteil; auf jeden Fall Nachricht von einer Behörde oder Institution
24	Diebstahl	Die Nachricht bedeutet Verluste oder Schädigungen
25	Zu hohen Ehren kommen	Die Nachricht birgt den Schlüssel zum Erfolg
26	Großes Glück	Gute, glückbringende Nachrichten
27	Unverhofftes Geld	Hilfe in einer prekären Situation
28	Erwartung	Man erwartet eine schlechte Nachricht
29	Gefängnis	Es geht um eine Sache, der man sich verpflichtet oder an die man sich gebunden fühlt
30	Gerichtsperson	Rechtlicher Beistand kann erforderlich werden/Prozeß geht verloren, evtl. ein gerichtlicher Vergleich
31	Kurze Krankheit	Man selbst erhält eine Nachricht über eine Krankheit oder eine Nachricht über die Erkrankung einer bekannten Person
32	Kummer und Widerwärtigkeiten	Warnung vor drohendem Unheil

33	Trübe Gedanken	Man muß sich betreffend einer Nachricht oder Sache ernsthaft Gedanken machen
34	Arbeit	Es kommt einiges an Arbeit auf Dich zu, was eine Konzentration der Kräfte und Organisation erfordert
35	Ein langer Weg	Eine (schnelle) Entscheidung wird erforderlich, welchen Weg/welche Richtung man einschlagen möchte
36	Die Hoffnung, großes Wasser	Der Hinweis auf die Zusammenhänge hinter dem, was man sehen oder erahnen kann; das Schicksal gibt Hinweise, aber keine vollständigen Einblicke

15 Guter Ausgang in der Liebe

Freundschaft, Intimität, Liebe

Beschreibung der Karte

In der Mitte des Bilds ist ein kleiner *Mauer*vorsprung zu sehen, auf dem sich zwei schnäbelnde *Tauben* befinden. Im Hintergrund des Bildes zeigt sich eine dichte Hecke, die die Vögel vor fremden Blicken schützt. Im unteren Teil des Bildes liegt ein *Hund* und schaut über die Schulter zu den beiden Tauben auf, die er zu bewachen scheint.

Grundsätzliche Deutung der Karte

Du hast allen Grund zu hoffen, denn eine emotionale Hochphase zeichnet sich ab, in der auch die kleinen Widrigkeiten von Dir abgeschirmt werden. Du hast einen guten und treuen Beschützer: Dein Selbst, das darauf acht gibt, daß für Dich alles zum Besten steht. Doch auch Deine Mitmenschen sind auf Dein Wohlergehen bedacht, da auch sie es genießen, in Deine positiven Gefühle mit einbezogen zu werden.

Partnerschaft: Himmelhoch jauchzend erlebst Du im Moment eine Zeit harmonischer Einigkeit mit Dir und Deinen Mitmenschen. Du fühlst Dich rundum glücklich und geborgen und hast kaum noch Augen für etwas anderes, denn jetzt ist für Dich alles andere unwichtig, nur diese Partnerschaft/Freundschaft zählt für Dich. Du bist bereit, die Liebe und Freude durch Dich hindurchströmen zu lassen und diese als reine Energie an Deinen Partner und die Menschen, die Du liebst, weiterzugeben. Wenn Du Dich bisher noch nicht in einer festen Beziehung befindest, deutet alles darauf hin, daß Du Dich gerade jetzt für die positiven Gefühle Deiner Mitmenschen öffnest und so vielleicht auch den Partner fürs Leben findest.

Selbsterkenntnis und Hintergründe: Du bist eins mit Dir, Deinem Wesen, Deinem Selbst und dem Universum. Und Du genießt es hinabzutauchen in den Quell, der alles Lebendige mit seiner Liebe speist, um die Mysterien des Lebens zu entdecken. Es ist die gelungene Verbindung zwischen Geist, Körper und Seele, die Du im Moment erfährst, und durch diese gelangst Du zu Erkenntnis über Dein wahres Ich. Dinge, die für Dich nicht immer vereinbar waren, siehst Du jetzt in einem anderen Licht. Du erkennst, daß Gegensätze zueinander gehören, ja sich teilweise auch bedingen, und Du lernst, dies zu akzeptieren. Nutze diese Phase, um über Dich und Deine Mitmenschen etwas mehr zu erfahren, denn jetzt ist die Zeit, in der Du liebevoll mit Deinen eigenen Stärken und Schwächen umgehen kannst, um diese zu analysieren und zu einem gesunden Ganzen zu verbinden.

Konflikte: Es gibt im Zusammenhang mit dieser Karte wenig Schattenseiten, mit denen Du Dich auseinandersetzen mußt. Du bist bereit, Deine schönen Gefühle fließen zu lassen und sie mit anderen zu teilen – und dies ist mit der einzige Ansatzpunkt, der für Dich zu Konflikten führen kann. Sei es, daß Du Deine Gefühle auf einen bestimmten Menschen gerichtet hast, der bereits mit einem anderen Partner zusammenlebt oder für Dich kein Interesse zeigt, oder seien es die mißgünstigen Gefühle anderer, die Dir eine frohe Zeit voller Liebe und Harmonie nicht gönnen: Wenn unsere Gefühle nicht erwidert werden, schmerzt das sehr. Doch versuche auch, Verständnis zu entwickeln für diejenigen, die in ihren Gefühlen nicht frei sind. Auch die Übersteigerung von Besitzdenken oder Sexualität können uns daran hindern, das reine Gefühl der Liebe und Sympathie frei fließen zu lassen. Achte darauf, wieviel Zuneigung und Zärtlichkeit Deine Mitmenschen verarbeiten können. Versuche nicht, Deine Liebe überschwenglich zu verteilen, sondern gib soviel, wie man von Dir annehmen möchte, denn erst dann erreichst Du ein Gleichgewicht der Kräfte.

Hoffnungen und Ängste: Die Gefühle einer reinen, bedingungslosen Liebe zu empfinden heißt auch, sich selbst mit der eigenen Offenheit und Verletzlichkeit zu erleben. Die Besorgnis, daß wir in diesem Moment ein leichtes Ziel für jemanden abgeben, der uns weh tun möchte, entspringt dabei mehr unserem entsetzten Ego, welches nicht dulden will, daß es die Kontrolle über das innere Wesen verliert, wenn wir ganz eins sind mit der Welt. Die Furcht vor der Auflösung und der Verwundung treibt Dich vielleicht dazu an, Dich einzuigeln, um Deinen weichen Kern zu schützen, obwohl alles in Dir sich danach sehnt, sich zu strecken und dem Licht und der Wärme entgegenzustreben. Deine Hoffnung auf die erfüllende Liebe und Beziehung zu der Person oder auf den Lebensinhalt, der Dir wichtig ist (dies kann auch der Beruf o. ä. sein), ist vollkommen berechtigt. Öffne Dich für die guten Dinge des Lebens, und lasse die Energie frei fließen, damit Dein Selbst Dir Tür und Tor öffnen kann.

Beachtenswert bei der Deutung der Karte

Es geht hier in erster Linie um Dich und Deine Gefühle, um die Dinge, die Dir am Herzen liegen. Damit ist nicht nur ein Lebenspartner gemeint, sondern alle Dinge, denen Du Dich öffnen möchtest und für die Du einen Platz in Deinem Leben vorgesehen hast, gelangen hier zu großer Bedeutung. Dein Wunsch, Deine große Liebe, Deine Sehnsucht – erforsche in Dir, wonach Du in Deinem Leben strebst, womit Du Dich verbinden möchtest.

Kurze Deutungshinweise mit anderen Karten

3	Ehestandskarte	Die Beziehung ist stabil
4	Zusammenkunft	Das Treffen führt zu einer innigen Liebesbeziehung
5	Guter Herr	Es ziehen Wolken auf vor dem Liebesglück
6	Gute Dame	In allen Herzensangelegenheiten ist diese Person ein guter Zuhörer und Ratgeber
7	Angenehmer Brief	Ein Liebesbrief
8	Falsche Person	Man versucht eine Liebschaft zu hintertreiben; oder man sagt Dir ein Verhältnis/eine Liebschaft nach
9	Veränderung	Eine Veränderung in Liebesdingen
10	Reise	Eine Reise führt die Partner wieder zusammen, oder man lernt auf einer Reise einen neuen Partner kennen
11	Viel Geld gewinnen	Gute Chancen für die Liebe
12	Reiches Mädchen	Man neigt dazu, den Partner durch eine rosarote Brille zu betrachten
13	Reicher guter Herr	Eine musische/inspirative Beziehung; oder: Eine rein geschäftliche Verbindung
14	Eine traurige Nachricht	Jemand, der einem am Herzen liegt, meldet sich; die Zeit der Unsicherheit wird beendet
16	Seine Gedanken	Man ist sich dieser Beziehung nicht ganz sicher
17	Geschenk bekommen	Eine neue Liebe steht ins Haus/Man betrachtet die Liebe als Geschenk
18	Ein kleines Kind	Eine Liebe unbeschwert genießen
19	Ein Todesfall	Eine Partnerschaft wird beendet – in umgekehrter Legeweise: Die Beendigung einer Partnerschaft birgt den Neubeginn für die große Liebe

20	Haus	Diese Beziehung gibt einem Halt und Sicherheit
21	Wohnzimmer	Man liebt das Heim/Rückzug der Zweisamkeit wegen in das Heim
22	Militärperson	Selbst in Liebesdingen kann man nicht locker und entspannt sein
23	Gericht	Eine Trennung von etwas (kann hier auch die Scheidung einer früheren Ehe, Partnerschaft oder sogar von einem Hobby oder Gegenstand sein) wird notwendig, um einen guten Ausgang in der Liebe zu erzielen
24	Diebstahl	Die Liebe wird noch etwas auf sich warten lassen
25	Zu hohen Ehren kommen	Eine Beziehung, durch die man sich (sozialen) Aufstieg erhofft
26	Großes Glück	Die Beziehung ist das große Glück
27	Unverhofftes Geld	Die Liebe zu einer (bestimmten) Person wird als das höchste Glück/der höchste Gewinn angesehen
28	Erwartung	Man hält nach der großen Liebe Ausschau
29	Gefängnis	Beziehung oder Partner engen einen ein
30	Gerichtsperson	Ein Streit mit einer Person, die einem sehr nahesteht (evtl. wegen Eifersucht)
31	Kurze Krankheit	Die Liebe zu oder von einer Person verhilft zu schneller Heilung
32	Kummer und Widerwärtigkeiten	Große Probleme in einer Beziehung – jemand warnt vor den Schwierigkeiten
33	Trübe Gedanken	Jemand meint es in emotionaler Hinsicht nicht ganz ehrlich (verfolgt nur seine eigenen Ziele)
34	Arbeit	Die Liebe verschwindet

35	Ein langer Weg	Man muß einiges dafür tun, um sich die Liebe eines anderen Menschen zu verdienen
36	Die Hoffnung, großes Wasser	Man erhofft sich durch die Liebe die Verwirklichung der eigenen Hoffnungen und Wünsche

16 Seine Gedanken

Unstimmigkeiten, Unklarheiten, Ungewißheit

Beschreibung der Karte

Das Kartenbild zeigt einen Mann mittleren Alters, der gedankenverloren in einer Wohnstube steht. Er hat sich *Hut* und *Mantel* angezogen, und es macht den Anschein, als wollte er bereits vor einigen Minuten den Raum verlassen haben, doch halten ihn seine momentanen Gedanken davon ab. Seine linke Hand hat er in die Manteltasche gesteckt, in der rechten hält er seinen Gehstock. Hinter ihm erstreckt sich über den mittleren Teil des Bilds eine Polstergarnitur, zu seiner linken Seite (rechte Bildseite) befindet sich ein *Blumen*postament mit einem Pflanzkübel. Im rechten oberen Teil des Bildes ist an der Wand eine kleine *Amor/Eros*-Statuette angebracht, die jedoch das von einem *Pfeil* durchbohrte Herz mit der Spitze auf ihren eigenen Kopf richtet.

Grundsätzliche Deutung der Karte

Du stehst am Anfang eines Wegs, der Dich in Gefilde Deines Wesens führt, von denen Du wahrscheinlich noch nicht einmal geahnt hast, daß sie existieren. Es ist die erste Ahnung, daß es in Dir Orte gibt, an denen Deine Sehnsüchte und Ängste, Deine Schwächen und unaufbereiteten Konflikte jahrelang aufbewahrt wurden, um auf den Tag zu warten, an dem Du hinabsteigst, um Dich Deinen dunklen Aspekten zu widmen.

In dieser Karte zeigt sich jedoch noch nicht der Aufbruch in die Tiefen Deiner Seele, sondern der aufkeimende Gedanke, das erste, intuitive Heraufdämmern unbeachteter Elemente. Damit bleiben diese lichten/dunklen Momente auch zunächst in Deinen Gedanken, um sich dort zu manifestieren und werden für andere vorerst nicht erkennbar.

Partnerschaft: Du machst Dir Gedanken über Eure Beziehung. In dieser Phase spürst Du die Auseinandersetzung mit Deinen tiefsten Sehnsüchten, Bedürfnissen und Ängsten, doch es sind noch keine greifbaren Gefühle oder Gedanken. Es ist, als befändest Du Dich am Rand eines kristallklaren Sees, und nur wenige Meter vom Ufer entfernt siehst Du schemenhaft etwas auf dem Grund liegen, das Dein inneres Sehnen erfüllen könnte. Traust Du Dich hinabzutauchen, auch wenn Du nicht weißt, wie tief das Wasser ist und was Dich noch erwartet? Nutze das Stadium des Heraufdämmerns Deiner unbewußten Gefühle und Gedanken, um Dir über Dich, Deine Mitmenschen und Deine Beziehung zu ihnen klarzuwerden.

Selbsterkenntnis und Hintergründe: Erkenne, daß Du gerade erst die Tür geöffnet hast, die Dich in einen Raum eintreten läßt, der selbst wieder unendlich viele Türen besitzt. Es gibt nur wenige Räume, die Dir derzeit noch verschlossen sind, aber es steht Dir offen, jedes einzelne Zimmer Deiner Seele und Deines Wesens zu betreten und Dir die dort herrschende Ordnung oder Unordnung anzusehen. Jedes dieser Zimmer verkörpert einen Aspekt Deiner Wesenszüge, Deiner Gefühle, Deiner verdrängten Erlebnisse wie auch der Sehnsüchte und Träume. Du wirst an die hellen, freundlichen Orte schauen dürfen, aber es werden Dir auch wieder die Ungeheuer und Phantome Deiner Träume an den dunklen Orten begegnen. Sei darauf gefaßt, wenn Du Dich dazu entscheidest, jetzt Deine Seelenreise anzutreten.

Konflikte: Über die seelisch-emotionalen Stolpersteine unseres Lebens werden wir immer wieder fallen, wenn wir uns nicht die Mühe machen, sie aufzuheben und ganz bewußt zu ent-sorgen. Verdrängte Ängste und Sehnsüchte treiben Dich zu Deinem Handeln an, doch über den Hintergrund Deines Tuns bist Du Dir nicht bewußt. So bleibt Deine Motivation aber nicht nur für Dich verborgen, sondern auch für Deine Mitmenschen, die nur die Auswirkungen zu spüren bekommen. Es führt dazu, daß Du Dein Verhalten weder erklären noch abschalten kannst. Deine Mitmenschen bringen für Dein Verhalten aus ungefähr dem gleichen Grund aber auch kein Verständnis auf. Verharre jetzt nicht hoffnungslos in dieser Situation, sondern überlege, an welcher Stelle Du ansetzen kannst, um diese Konflikte aufzulösen.

Hoffnungen und Ängste: Den Weg hinab in die Seelengefilde zu unternehmen bedeutet eine große Herausforderung, denn damit verbunden ist die Auflösungsangst, die Furcht, nicht mehr aus den Tiefen der „Unterwelt" zurückzukehren. Wenn es Dir hilft, lies die Erzählungen um die antiken Helden der griechischen Sage oder die mythologischen Darstellungen beispielsweise der Edda, denn dort findest Du die Überlieferungen des Abstiegs in die Unterwelt, den fast jeder Heros als Lebensaufgabe zu bewältigen hatte. Freiwillig über die Lebensschwelle (Bewußtsein) in das Seelenreich (Unbewußt-Sein) zu treten bedeutet, den bis dahin gelebten Menschen „aufzulösen" und durch die intensiven Erfahrungen in der Anderswelt wesentlich reicher und bewußter(!) wieder an das Licht heraufzusteigen. Mit dieser Karte verbindet sich deshalb für Dich die Angst vor der Auflösung, die Befürchtung des Nichtmehr-Seins; aber auch die Hoffnung auf die Läuterung des eigenen Wesens, auf ein befreiendes Erlebnis, das Dich zu einem harmonischen Leben führt.

Beachtenswert bei der Deutung der Karte

Es besteht für Dich keine Veranlassung, Dir große Sorgen zu machen, denn Du erfährst jetzt eine Phase, in der Du von Deiner inneren Führung kleine Signale erhältst. Du beginnst, Deine Aufmerksamkeit auf Sie zu richten, und somit steht diese Karte eher auch für die Neugierde, Dich mit diesen bisher unbekannten Aspekten auseinanderzusetzen. Du hast die Chance, den Wandel in Dir freiwillig und milde zu vollziehen – nutze die Situation.

Kurze Deutungshinweise mit anderen Karten

3	Ehestandskarte	Man ist sich hinsichtlich einer Beziehung (geschäftlich oder privat) nicht ganz schlüssig
4	Zusammenkunft	Du bist nicht sicher, ob Du die Verabredung wahrnehmen sollst oder nicht
5	Guter Herr	Ein nicht klar definierbarer und unausgesprochener Groll
6	Gute Dame	Im Moment läuft in dieser privaten Beziehung nicht alles glatt
7	Angenehmer Brief	Man grübelt über den Inhalt einer Nachricht
8	Falsche Person	Überdenke alle Hintergründe und Unwägbarkeiten
9	Veränderung	Du weißt noch nicht, was Dir diese Veränderung bringt, denn in Dir herrschen gemischte Gefühle und Gedanken
10	Reise	Eine Phase der Gemütsschwankungen und Unruhe; Unentschlossenheit und Wankelmütigkeit
11	Viel Geld gewinnen	Die nächste Zeit wird etwas unbestimmter, aber es besteht kein Grund zur ernsthaften Sorge
12	Reiches Mädchen	Man grübelt über die eigene Situation nach, weiß aber nicht, wie man sich verhalten soll
13	Reicher guter Herr	Man mißt die eigenen Erfolge zu gering
14	Eine traurige Nachricht	Rückbesinnung und Meditation helfen
15	Guter Ausgang in der Liebe	Man ist sich dieser Beziehung nicht ganz sicher
17	Geschenk bekommen	Man macht sich Gedanken über ein Geschenk

18	Ein kleines Kind	Momentan ist alles etwas wechselhaft, man ist etwas launisch
19	Ein Todesfall	In Gedanken ist man sich über die Beendigung schon im klaren, teilt dies aber noch nicht mit
20	Haus	Man zweifelt an der eigenen Selbstsicherheit
21	Wohnzimmer	Stimmungsschwankungen, die aus dem eigenen Heim resultieren
22	Militärperson	Man hat das Gefühl, daß etwas in Unordnung ist, kann aber nicht genau bestimmen, um was es sich handelt
23	Gericht	Man grübelt über den Sinn und den Ausgang einer Sache nach
24	Diebstahl	Man macht sich Gedanken, daß etwas gestohlen werden könnte
25	Zu hohen Ehren kommen	Man grübelt darüber, ob man es schaffen kann (oder will), eine bestimmte Position zu erreichen
26	Großes Glück	Man mißtraut dem momentanen Glück
27	Unverhofftes Geld	Die Hintergründe bleiben im Verborgenen
28	Erwartung	Man ist unsicher, was die eigenen Erwartungen betrifft – man steht nicht vollkommen hinter dieser Sache
29	Gefängnis	Man ist vieler Dinge überdrüssig
30	Gerichtsperson	Es ist noch alles offen; die Entscheidung wird abgewogen, ist aber noch nicht gefällt
31	Kurze Krankheit	Schwankungen im Befinden; sich Sorgen über die Gesundheit machen
32	Kummer und Widerwärtigkeiten	Man ist innerlich hin- und hergerissen; eine Lösung des Konfliktes ist noch nicht in Sicht

33	Trübe Gedanken	Man weiß nicht genau, woran man ist/ Ein unbestimmter Verdacht, aber keine greifbaren Beweise – man ist unentschlossen
34	Arbeit	Man ist sich nicht sicher, ob man diese schwere Aufgabe annehmen soll
35	Ein langer Weg	Man ist hinsichtlich einer Entscheidung zwiespältig
36	Die Hoffnung, großes Wasser	Man hinterfragt seine Wünsche – ist aber mit sich selbst nicht einig, ob hier die Verwirklichung tatsächlich erwünscht ist

17 Ein Geschenk bekommen

Ein Geschenk, materiell oder emotional; Glück, das Gute im Leben

Beschreibung der Karte

Der Blick des Betrachters ist auf eine Reihe von Gratulanten gerichtet, die jeweils ein Geschenk mit sich bringen. Der Holzfußboden des Raumes ist mit einem grünen, gebordeten Teppichläufer bis zur Tür hin versehen. Bei den weiteren Gästen handelt es sich um *Kinder*, die keine großen Geschenke tragen, aber das, was in ihren Augen wertvoll ist, nämlich Gold*fisch*e und einen *Blumen*strauß. Beide Kinder sind gespannt und aufgeregt, weil sie bei der Gratulation selbst im Mittelpunkt des Geschehens stehen und hoffen, daß ihr Geschenk Gefallen findet.

Grundsätzliche Deutung der Karte

Es ist Dein Tag! Alle Deine Liebsten haben sich eingereiht, um Dir ihre Aufmerksamkeit zu schenken. Du stehst im Mittelpunkt liebevoller und freudiger Gefühle, die Du empfängst und die Du als Kanal weiterleitest an Deine Mitmenschen. Freue Dich auf das, was Du empfangen wirst und schätze es nicht gering. Gemeint ist keine Frage des Werts, doch solltest Du Dich vorsehen und nicht von Geschenken blenden lassen, die mehr Schein als Sein darstellen.

Wie Du erkennen kannst, beinhaltet die Karte also nicht nur rein materielle Geschenke, sondern bezieht sich auch auf die emotionale Ebene und ebenso auf die seelischen oder geistigen Wohltaten.

Partnerschaft: Du erlebst Deine Beziehung zu Deinen Mitmenschen im Moment als großes Geschenk. Du empfindest die Fülle positiver Gefühle und öffnest Dich für neue Kontakte. Du erhältst nicht nur die Gaben Deiner Mitmenschen, Du lädst sie auch ein, an der Feier Deines Lebens teilzuhaben, diese schöne Zeit mit Dir zusammen zu verbringen. Genieße die Dir überbrachten Geschenke, mit denen Du vielleicht gar nicht gerechnet hast, und verhalte Dich als großzügige Gastgeberin.

Selbsterkenntnis und Hintergründe: Schenken oder beschenkt werden, geben oder nehmen – beide Komponenten müssen im Einklang sein, damit der Energiefluß nicht auf einer Seite zu stark konzentriert und auf der anderen zu sehr geschwächt wird. So kann zwar auch das Schenken ein bestimmtes Ziel verfolgen (wenn Du z. B. jemandem etwas gibst, damit er Dich einläd oder Dich mag), es spielt dann aber ein negativer Aspekte mit herein, weil Du nicht dem freien Fluß der Gefühle folgst, sondern eher berechnender Absicht und dem Willen zur Manipulation. Frage Dich, wie Du Dich Deinen Mitmenschen gegenüber verhältst, wenn es um das Zelebrieren von Lebensfeierlichkeiten geht. Schaffst Du den Austausch zwischen Dir und anderen in einem gleichmäßigen Verlauf zu halten, oder läßt Du ein Ungleichgewicht entstehen, indem Du zuviel Energie nimmst oder abgibst. Denn auch mit einem Zuviel an positiver Kraft können wir unsere Mitmenschen überfordern. Wenn Du mehr zu geben hast, als Dein Gegenüber im Moment verarbeiten kann, dann passe Deine Energiemenge dementsprechend an.

Konflikte: Wie gehst Du mit Deiner eigenen Unzufriedenheit und der Verdrossenheit anderer um? Wie stufst Du Deine eigenen Erwartungen hinsichtlich Deiner Wunscherfüllung ein? Wenn unsere Vorstellungen und Erwartungen nicht mit dem übereinstimmen, was wir tatsächlich vorfinden, schleichen sich Gefühle der Enttäuschung und Leere ein, wenn es weniger ist, als wir erwartet haben. Doch selbst in dem Fall, daß unsere Vorstellungen sogar noch übertroffen werden, besteht die Gefahr, eitel und selbstgefällig zu reagieren. Fast jeder hat in der heutigen Zeit schon die Erfahrung machen müssen, daß Schenken und Beschenktwerden mitunter nicht einfach sind, denn es geht in jedem Fall auch immer um die Frage der Angemessenheit und der Wertschätzung des anderen.

Hoffnungen und Ängste: Du setzt Deine Hoffnungen auf die Zuneigung Deiner Mitmenschen und auf deren gute Gefühle, die sie mit Dir teilen. Auf der anderen Seite befürchtest Du bisweilen, in Deiner gutmütigen Art von anderen ausgenutzt zu werden. Du empfindest in solchen Momenten eine tiefe Ungerechtigkeit, was Dir jedoch dazu verhilft, Möglichkeiten für den Ausgleich zu suchen. Du trägst in Dir die Befähigung, Dich mit Deinen Mitmenschen zu verbinden und für ein harmonisches Miteinander zu sorgen.

Du stehst nicht außerhalb, sondern mittendrin, deshalb schöpfe Kraft durch die Transformation Deiner Ängste, und lebe Deine Hoffnung auf Erfüllung und Freude.

Beachtenswert bei der Deutung der Karte

Für Dich ist es wichtig herauszufinden, ob es sich um ein materielles Geschenk anläßlich einer besonderen Feier handelt oder ob Du es hier mit emotionalen Präsenten zu tun hast, mit kleinen Aufmerksamkeiten und/oder Komplimenten.

Wenn Du sicher feststellen kannst, daß es sich um ein materielles Geschenk handelt, dann unterliege nicht dem dunklen Aspekt dieser Karte, indem Du mit einer bestimmten Sache oder Höhe des Werts rechnest. Lasse Dich vom Leben und von Deinen Lieben überraschen – dies ist eine der Botschaften, die Dir diese Karte vermitteln will.

Kurze Deutungshinweise mit anderen Karten

3	Ehestandskarte	Ein Geschenk zu einer Feierlichkeit
4	Zusammenkunft	Ein Geschenk zu einem Rendezvous mitbringen/Die Freundschaft wird als Geschenk betrachtet
5	Guter Herr	Ein Geschenk bringt Unheil mit sich
6	Gute Dame	Ein Geschenk wird skeptisch beäugt
7	Angenehmer Brief	Eine nette Nachricht verheißt Gutes
8	Falsche Person	Ein Geschenk mit Hintergedanken
9	Veränderung	Das Geschenk bringt eine Veränderung mit sich./ Ein Geschenk zu einem Umzug
10	Reise	Eine kleine Reise (oder etwas, was mit einer Reise zu tun hat) geschenkt bekommen
11	Viel Geld gewinnen	Das Geschenk wird eine Überraschung, die gut angesehen wird
12	Reiches Mädchen	Ein naives, unschuldiges Geschenk, über das Du Dir keine Gedanken machst
13	Reicher guter Herr	Ein gutgemeintes Geschenk, das nicht mit Bedacht ausgewählt wurde
14	Eine traurige Nachricht	Einladungen und gute Neuigkeiten, freudige Überraschung
15	Guter Ausgang in der Liebe	Eine neue Liebe steht ins Haus/ Man betrachtet die Liebe als Geschenk
16	Seine Gedanken	Man macht sich Gedanken über das Geschenk
18	Ein kleines Kind	Man bekommt etwas geschenkt, mit dem man sich in der nächsten Zeit sehr intensiv beschäftigt./Ein Kind steht ins Haus und erfordert in nächster Zeit vollkommene Aufmerksamkeit
19	Ein Todesfall	Die Beendigung einer Situation bringt die „Erlösung“
20	Haus	Ein Geschenk für das Haus

21	Wohnzimmer	Renovierung des Hauses/Etwas für das Haus geschenkt bekommen
22	Militärperson	Das Geschenk geht in Ordnung, es ist angebracht und angemessen
23	Gericht	Eine Schenkung muß noch gerichtlich bestätigt werden/Ärger wegen eines Geschenks
24	Diebstahl	Ein Geschenk kommt weg
25	Zu hohen Ehren kommen	Mit dem Geschenk ist bezüglich des Images oder des Prestiges einiges verbunden (Statusobjekt)
26	Großes Glück	Hier schüttet Fortuna mit beiden Händen das große Glück aus
27	Unverhofftes Geld	Ein überraschendes Geschenk, eine Aufmerksamkeit
28	Erwartung	Man erwartet ein Geschenk!
29	Gefängnis	Das Geschenk „bindet" einen
30	Gerichtsperson	Es wird wegen einer Schenkung Beistand notwendig
31	Kurze Krankheit	Die Gesundheit als Freude, Geschenk empfinden (Aufforderung, sich des öfteren einmal Gedanken zu machen, wie gut es einem geht!)
32	Kummer und Widerwärtigkeiten	Ein Geschenk bereitet Kummer
33	Trübe Gedanken	Man zerbricht sich den Kopf wegen eines Geschenks
34	Arbeit	Das Geschenk macht große Mühe
35	Ein langer Weg	Hier wird eine Entscheidung fällig
36	Die Hoffnung, großes Wasser	Mit dem Geschenk sind die innersten Hoffnungen und Sehnsüchte verbunden/Man erwartet sich viel (betrifft nicht unbedingt die Menge)

18 Ein kleines Kind

Unschuldigkeit, Neubeginn, Kind, etwas Neues

Beschreibung der Karte

Der Betrachter erhält einen Blick auf eine abwechslungsreiche Landschaft. Im vorderen Teil ist eine Wiese zu sehen, die von einer Reihe Schilfrohr im mittleren Teil des Bilds zu dem anschließenden *Feld* hin abgegrenzt wird. Im hinteren Teil sieht man eine kleine *Kirche* kurz vor dem Waldrand stehen.

Die Hauptfigur des Bilds steht zentral und überragt alle Landschaftsflächen. Es ist ein *Storch*, der mit Reitstiefeln bekleidet über die Wiese stakst und auf dessen Rücken ein junges Mädchen sitzt. Das Mädchen selbst hält noch eine Puppe in der Hand.

Grundsätzliche Deutung der Karte

Die Karte bedeutet für Dich die Hinwendung und Öffnung für alles Neue – beispielsweise eine Arbeitsstelle, Partnerschaft, ein Kind, Hobbys und alles, worauf man seine Gedanken und Gefühle neu ausrichten kann. Es ist eine Zeit, in der Du Dich begeistern läßt und für die Schönheiten und die kleinen Abenteuer empfänglich bist. Genieße die neuen Einflüsse und Antriebe, laß Dich jedoch nicht von ihnen überrollen. In solchen Situationen neigen wir dazu, uns fast ausschließlich auf die neuen Ereignisse zu konzentrieren und die alten Erfahrungen erstmals beiseite zu schieben. Dies macht uns anfällig für die Schlichen und Tücken, mit denen andere Menschen uns zu übervorteilen suchen. Wenn diese Erfahrungen auch nicht einfach für Dich sein werden, die Erkenntnisse, die Du daraus gewinnst, werden für Dein weiteres Leben prägend sein.

Darüber hinaus wirst Du seelisch-emotional und geistig-intellektuell Erfahrungen machen, die Dir eine ganz andere Weitsicht für die Gefühle und Gedanken Deiner Mitmenschen vermitteln.

Partnerschaft: Du bist etwas unruhig, denn irgendwie verspürst Du einen Neubeginn, der sich in Deiner Beziehungswelt vollzieht. Doch bedeutet dieser nicht die spielerische Verliebtheit, die die Karte „Guter Ausgang in der Liebe“ mit sich bringt, sondern eher die neue Lust an einem anderen Menschen. Das kann Dein aktueller Partner sein, an dem Du vollkommen neue Züge entdeckst, die Dir bisher verborgen geblieben waren und die das Zusammenleben nun wieder etwas aufregender gestalten. Dies kann aber auch ein neuer Partner sein, mit dem Du Dich in ein Abenteuer stürzt, ohne seine Stärken und Schwächen zu kennen oder zu wissen, was aus dieser Beziehung entstehen wird.

Es ist aber auch möglich, daß Deine Beziehung zu einem Partner durch neue Einflüsse belebt wird, auf die Du Dich jetzt erst einmal konzentrierst. Dies kann beispielsweise auch ein Baby sein, das Dich und Deine Beziehungen zu anderen Menschen vor vollkommen neue Herausforderungen und Erfahrungen stellt. Oder es kann sein, daß Du und/oder Dein Partner sich einem neuen Hobby zuwendet, auf das sich die Aufmerksamkeit in der nächsten Zeit verstärkt richtet. Lehne Dich einen Moment zurück, und vernehme, aus welcher Richtung Du einen frischen Wind erspüren kannst.

Selbsterkenntnis und Hintergründe: Du bist auf der Suche, doch wonach, weißt Du eigentlich selbst nicht so genau. Du spürst in Dir den beginnenden Umbruch, das aufkeimende Neue, doch diese ersten, zarten Regungen geben Dir noch nicht genug Kontur, um den Weg zu erkennen. Du ahnst, daß neue Erfahrungen in Dein Leben einströmen werden, und das Kind in Dir ist wißbegierig und gespannt auf das neue „Spielzeug". Doch schaue einmal genau hin, wie Dein inneres Kind mit neuen Situationen und Erfahrungen umgeht. Es mag sein, daß es eher zögerlich und vorsichtig darauf zugeht, da es erst beobachtet und weiß, daß es etwas anderes loslassen muß, um das Neue in die Hand nehmen, es betrachten und damit spielen zu können. Die Gefühle zu dem alten Spielzeug sind jedoch so vertraut, daß es sich davon nicht trennen möchte. Es ist auch möglich, daß Dein inneres Kind gar keine starke Bindung aufbauen will, und sich neu-gierig auf jede Veränderung und Ablenkung stürzt ohne Ausdauer und Konzentrationsfähigkeit, sich mit den Dingen länger als für wenige Augenblicke auseinanderzusetzen.

Überlege, wo Du Dein inneres Kind an die Hand nehmen möchtest, um mit ihm gemeinsam neue Impulse und Erfahrungen aufzunehmen, die Dein Leben bereichern.

Konflikte: Mit dieser Karte geht die Unbedarftheit und Unschuld einher, wie sie nur kleine Kinder besitzen können. Kindern fehlt es noch an Erfahrungen, die die Erwachsenen bereits in ihrer Lebenszeit gemacht haben. Deshalb gehen Kinder meist unvoreingenommen an Dinge heran, um sie zu erkunden. Ein Kind, das keine Warnung erhält, wird deshalb auch auf die heiße Herdplatte fassen wollen, um den Begriff „heiß“ in seiner Gänze zu erfassen. Doch nicht jede Erfahrung ist dazu da, um von jedem Menschen im einzelnen noch einmal durchlebt werden zu müssen. Für ein Kind ist es deshalb sehr wichtig, sich auf seine Ratgeber verlassen zu können.

Überdenke Deine Schwierigkeiten, und frage Dich, wo Du zu unbedarft auf Leute oder Situationen zugehst und dadurch immer wieder Probleme bekommst. Du verletzt Dich und das Kind in Dir nur unnötig selbst, wenn Du Dich aus Leichtsinn heraus immer wieder in Gefahr begibst. Dein Umfeld versteht Deine Reaktionen deshalb auch nicht immer und schüttelt zumeist verständnislos (oder bisweilen resignierend) mit dem Kopf. Beweise, daß Du selbstverantwortlich sein kannst, ohne Dich in die Bredouille zu bringen und Hilfe dann von anderen zu erwarten.

Hoffnungen und Ängste: Etwas Neues zu beginnen, ist eine wundervolle Sache, denn zumeist hegt man ganz bestimmte Vorstellungen, wie es sein wird, wenn die herbeigesehnte Situation tatsächlich eintritt. Du genießt die Vorbereitungszeit und richtest Dein Leben auf das bevorstehende Wachstum aus. Doch dann kommen bei vielen Menschen die ersten Zweifel. Wird es wirklich so sein, wie man es erwartet – wird es vielleicht besser oder eher schlechter? Pessimistische Gedanken machen sich dann bisweilen breit und hemmen die Vorfreude auf das Neue. So will die Karte auch dazu anregen, daß Du Dir Deine Ängste bewußt machst und sie überprüfst. Sei bereit, auch einmal mitten ins kalte Wasser zu springen und Dich für neue Erfahrungen zu öffnen, denn diese werden Dir für Deine Zukunft bereichernde Erkenntnisse schenken, von denen Du in Deiner Entwicklung nur profitieren kannst, auch wenn Du den Sinn nicht unmittelbar erkennen kannst.

Beachtenswert bei der Deutung der Karte

Geht es für Dich hier um ein wirkliches, reales Kind, das Du Dir wünscht oder mit dem Du Probleme hast, oder ist es mehr Dein Sehnen nach neuen und aufregenden Dingen, um eine Bereicherung für Dein Leben zu erhalten?

Welcher dieser Inhalte für Dich auch maßgeblich sein mag, hinterfrage Dich, ob Du Dir aus einer Laune heraus etwas in den Kopf gesetzt hast, was Du jetzt direkt umsetzen willst. Suche die Stellen in Dir auf, an denen das Kind in Dir seine Bedürfnisse einfordert. Lerne das Kind in Dir kennen, erfahre seine Ängste und Befürchtungen, damit Du es trösten kannst. Verstehe, daß Du nicht durch neue Begebenheiten beunruhigt sein mußt, von denen Du Veränderung fürchtest oder bei denen Du die Angst hast, etwas zu versäumen. Wandele die Situation um in Verständnis für Dich selbst, verstehe, warum Du so reagierst und wie Du Dich selbst beruhigen kannst.

Kurze Deutungshinweise mit anderen Karten

3	Ehestandskarte	Eine neue Partnerschaft; oder eine neue (positive) Veränderung (Festigung)/der Partnerschaft
4	Zusammenkunft	Eine neues/weiteres Treffen
5	Guter Herr	Naivität bringt Probleme mit sich, diese werden aber auf die gleiche (naive) Weise gelöst
6	Gute Dame	Es steht Dir jemand hilfreich zur Seite
7	Angenehmer Brief	Es gibt Neuigkeiten
8	Falsche Person	Man ist zu vertrauensselig
9	Veränderung	Ein neuer Lebensabschnitt/Eine große Veränderung/Ein (positiver) Umbruch
10	Reise	Die Vorfreude auf eine Reise; oder die Reise zu einem lange erträumten Urlaubsort
11	Viel Geld gewinnen	Im Moment läuft alles prima; man kann die Zeit unbeschwert genießen
12	Reiches Mädchen	Man reagiert zu vorschnell und unüberlegt
13	Reicher guter Herr	Ein fruchtbares Unternehmen – ein lässig erreichtes Ziel
14	Eine traurige Nachricht	Gute Chancen und gute Neuigkeiten, eine neue Chance
15	Guter Ausgang in der Liebe	Eine Liebe unbeschwert genießen
16	Seine Gedanken	Momentan ist alles etwas wechselhaft; man ist etwas launisch
17	Geschenk bekommen	Man bekommt etwas geschenkt, mit dem man sich in der nächsten Zeit sehr intensiv beschäftigt/Ein Kind steht ins Haus und erfordert in nächster Zeit vollkommene Aufmerksamkeit
19	Ein Todesfall	Die Beendigung einer Sache oder Situation führt zu einem Neubeginn

20	Haus	Man fühlt sich geborgen
21	Wohnzimmer	Du fühlst Dich zu Hause
22	Militärperson	Man fühlt sich gut beschützt und behütet
23	Gericht	Es geht bei dieser Sache um ein Kind oder etwas Neues, das einem sehr am Herzen liegt
24	Diebstahl	Sei vorsichtig: Jemand versucht, Deine Unbedarftheit auszunutzen
25	Zu hohen Ehren kommen	Es geht darum, nichts zu forcieren, sondern der Situation ihren Lauf zu lassen – dann wird sich alles wie von selbst erledigen
26	Großes Glück	Ein neues Projekt (Beziehung, Arbeitsstelle, Hobby etc.) läßt sich gut an
27	Unverhofftes Geld	Das Glück unbeschwert genießen
28	Erwartung	Man hegt unvoreingenommene und uneigennützige Erwartungen
29	Gefängnis	Man versteht die Einschränkung nicht; man fühlt sich unschuldig
30	Gerichtsperson	Es gibt neue Auseinandersetzungen
31	Kurze Krankheit	Sich frisch und munter fühlen
32	Kummer und Widerwärtigkeiten	Neue Probleme kommen auf einen zu
33	Trübe Gedanken	Jemand versucht, Dich erneut hereinzulegen
34	Arbeit	Eine neue Sache bringt eine große Herausforderung und viel Arbeit mit sich
35	Ein langer Weg	Es wird eine neue/weitere Entscheidung in einer Sache fällig
36	Die Hoffnung, großes Wasser	Man macht sich nicht allzuviel Gedanken über das Leben und das Schicksal; man geht davon aus, daß sich alles regeln wird

19 Ein Todesfall

Beendigung, Abschluß, Neubeginn, Transformation

Beschreibung der Karte

Im Vordergrund der Karte befindet sich auf einem hell- und dunkelblau gekachelten Boden ein *Blumenkranz* mit je vier roten und weißen und einer gelben *Rose*. Unmittelbar dahinter, im unteren Zentrum des Bilds steht ein Sarg. Direkt im Anschluß, im Hauptfeld des Bilds, steht (in der Form eines Lebensbaums) ein großer Kerzenleuchter mit sieben angezündeten *Kerze*n, der im Hintergrund noch den Blick auf das Grün einer Rasenfläche und von Blattwerk freiläßt.

Grundsätzliche Deutung der Karte

Führe es zu Ende! Diese Karte steht für alle Dinge und Situationen, Lebensabschnitte und Sachverhalte, die beendet werden (müssen). Dieser Prozeß stellt eine Transformation der Energie dar, die für Dich im jetzigen Moment noch nicht fühlbar ist. Um es zu verdeutlichen, stelle Dir ein wogendes Kornfeld vor, denn es unterliegt annähernd dem gleichen Kreislauf. Zunächst säst Du Körner aus, die heranreifen zu gesundem Getreide, dann erntest Du und übergibst somit die Ähren dem Tod. Einige der Samen verwahrst Du und pflanzt sie wieder auf dem Acker an. Bevor Du dem neuen Korn Leben schenken kannst, muß das alte seinen Platz frei machen, es muß Raum geben für neue Energie, für Wachstum.

Partnerschaft: Die Reifezeit eines Lernprozesses in Deiner Beziehung ist angebrochen. Jetzt gilt es für Dich zu ernten. Schau Dir die Früchte an, die aus gemeinsamen Bestrebungen erwachsen sind, und begutachte, ob sie reiflich gelungen oder verdorrt sind. Wenn Du mit den bisherigen Ergebnissen zufrieden bist, ist jetzt die Möglichkeit da, etwas vollkommen Neues aus Deiner Beziehung entstehen zu lassen. Laßt das Alte hinter Euch, und nutzt die Erfahrungen als Nährboden für die Transformation Eurer Beziehung auf eine andere, höhere Ebene. Stellst Du allerdings fest, daß die Früchte Eurer Partnerschaft faul und verödet sind, dann trenne Dich von dem, was nicht mehr Deinem Wesen entspricht, was Dich hemmt und vom Strömen der Lebensenergie abschneidet. Dann kannst Du aus dieser Situation entsteigen wie Phoenix aus der Asche, der symbolisch für die Erneuerung des Lebens durch den Tod steht.

Selbsterkenntnis und Hintergründe: Mythos und Tabu kaum ein Thema bietet soviel Raum für Ängste, Spekulationen, Emotionalität und Erfahrung wie der Tod. Die Auseinandersetzung mit dem Endlichen schafft vielen Menschen immer wieder Schwierigkeiten, denn der Verlust eines lieben Menschen oder der Abschluß von Lebensabschnitten, aber auch der Abschied von Lebensumständen oder Selbstbildern schaffen in uns Gefühle der Trauer, der Wut und des Schmerzes. Es ist die Angst davor, zurückgelassen zu werden oder im eigenen Falle sich selbst aufzulösen und nicht mehr zu existieren. Zumeist erkennen wir im ersten Augenblick nur den Verlust und nehmen in unserer Trauer gar nicht mehr die Veränderungen wahr, die sich vollziehen. In uns fest verschlossen weigern wir uns loszulassen, uns zu verabschieden. Doch dies bedeutet die Verleugnung des Lebens *für* den Tod. Überlege, wo Du in Deinem Leben gegen das Abschiednehmen und die Endlichkeit rebellierst? Bekämpfe nicht, was Du nicht ändern kannst, denn durch Deine Weigerung, das Leben und den Tod in der jeweiligen Erscheinungsform anzunehmen und zu akzeptieren, trennst Du Dich von Deiner eigenen Lebensfülle und Lebensenergie. Lerne loszulassen, und heile Deinen Schmerz; erkenne, daß alles, was je auf dieser Welt existierte, immer noch da ist, auch wenn es bisweilen seinen Zustand verändert.

Konflikte: Im Bereich dieser Karte sind die Konflikte, denen Du begegnest immer mit der Frage nach Deiner Opferbereitschaft verbunden. Ob es den Abschied von der eigenen Kindheit betrifft oder den Abnabelungsprozeß vom Elternhaus, die Bereitschaft zugunsten anderer auf etwas zu verzichten oder die vielen kleineren und größeren Dinge, in denen wir eine Situation zu Ende führen oder letztlich ruhen lassen müssen, alles dies sind Opfer zugunsten eines höheren Ziels, das es zu erreichen gilt.

Nun kann Dein Problem zum einen darin begründet liegen, daß Du nicht bereit bist, etwas herzugeben, da Du den höheren Sinn dieses Verzichts nicht erkennen kannst. Du kannst Dich beispielsweise weigern, älter zu werden, und versuchen, mit allerlei Mittelchen dagegen anzukämpfen. Wenn Du es auch rein äußerlich schaffen solltest, die Uhr um einige Jährchen zurückzudrehen, ist es doch, wie es ist. Versuche, die Unabänderlichkeiten zu akzeptieren und ergründe tief in Deinem Inneren Deine wirklichen Bedürfnisse. Verabschiede Dich von dem, was Du nicht brauchst.

Andererseits kann die Karte darauf hindeuten, daß Du dazu neigst, Situationen eher aus Dir heraus zu beendi-

gen, ohne Deinem Gegenüber eine Möglichkeit einzuräumen, einen Fehler zu verbessern und ein Ergebnis zu korrigieren. Du durchlebst in Deiner Person den Aspekt dieser Karte und erfährst auf diese Weise den Tod aus einer anderen Perspektive, nämlich in Dir selbst. Beobachte Dich dabei ganz genau, und analysiere, ob Du ungerecht und unbarmherzig zu Deinen Mitmenschen bist oder ob Du Dein Tun als „Gnadenakt" verstehst.
Lerne in beiden Fällen zu erkennen, daß es Dinge und Situationen gibt, in denen wir aufgefordert sind, uns von etwas zu trennen oder auch einmal einen Schlußstrich zu ziehen. Suche nach dem Weg, der für alle Beteiligten eine akzeptable Lösung bietet, und verwandele dementsprechend durch Dein Handeln eine unbefriedigende Situation in einen urbaren Zustand.

Hoffnungen und Ängsten: In den alten Kulturen und Mysterien spielte der Opfertod eines Menschen, eines Tiers oder auch die Opferung von Pflanzen und Gegenständen eine große Rolle. Dies bedeutete für die damaligen Menschen nicht unabdingbar den tatsächlichen physischen Tod des Opfers, sondern starke psychische (aber auch physische) Erlebnisse, die dazu dienten, die alte Persönlichkeit abzustreifen und stark und gereift aus dieser Situation hervorzugehen. In den Initiationsriten haben diese Erfahrungen und Praktiken bis in die heutigen Tage überlebt. Ein weitbekanntes Ritual in diesem Sinn ist die Taufe, in der die sakrale Reinigung durch das Wasser die Wiedergeburt des Menschen in Gott symbolisch darstellt. In das Wasser unterzutauchen bedeutete, den freiwilligen Tod hinzunehmen, mit allen damit verbundenen Ängsten. Der Aufstieg aus dem Wasser galt als Zeichen der Neugeburt des Menschen.

Mache Dir Deine Ängste bewußt, und durchlebe sie, damit Du ihnen die Möglichkeit nimmst, Dich weiterhin zu schrecken. Schöpfe aus dieser Erfahrung neue Kraft für die kommenden, fruchtbaren Dinge in Deinem Leben.

Beachtenswert bei der Deutung der Karte

Der Tod – oder die Beendigung – ist ein Thema, das viele Menschen im ersten Moment erschreckt, denn tiefe, unbewußte Ängste werden wach. Der Umgang mit dem Thema Tod erfolgt daher zumeist auf der emotionalen Ebene, die schwerer greifbar ist als die rationale Lösung über den Verstand.

Der Tod kann für uns aber seinen Schrecken verlieren, wenn wir entdecken, daß es sich bei der Interpretation der Karte um teilweise ganz profane Dinge handelt, wie den zeitlichen Ablauf eines Mietvertrags, einer Versicherung oder ähnlichem. Auch Zeiten, in denen Du unter Druck und starker Anspannung gestanden hast, gehen mit dieser Karte zu Ende. Entdecke also guten Mutes die positiven Aspekte, die die Beendigung einer Sache mit sich bringen kann.

Kurze Deutungshinweise mit anderen Karten

3	Ehestandskarte	Eine Beziehung wird beendet; in umgekehrter Legeweise: Die Beendigung einer Sache oder Situation führt zu einer Beziehung oder einer neuen Lebensgemeinschaft
4	Zusammenkunft	Ein Treffen erscheint sinnlos, die Situation ist bereits verfahren
5	Guter Herr	Von einer Person geht Gefahr/ Schrecken aus
6	Gute Dame	(Weiblicher) Beistand bei der Beendigung einer Sache/ Jemand fühlt mit und steht mit Rat und Tat zur Seite
7	Angenehmer Brief	Man erhält Nachricht über den (freudigen) Abschluß einer Sache/ Situation
8	Falsche Person	Jemand versucht, Dich durch falsche Erzählungen aus dem Verkehr zu ziehen (liegt die Personenkarte dabei, handelt man evtl. selbst in dieser Art und Weise)
9	Veränderung	DIe Beendigung einer Sache oder Situation bringt weitere Veränderungen mit sich – z. B. Umzug o. ä.
10	Reise	Die Reise sollte noch einmal überdacht werden
11	Viel Geld gewinnen	Die Beendigung einer Situation oder Sache ist mit finanziellen Vorteilen verbunden
12	Reiches Mädchen	Unschuld und Naivität bringen große Probleme mit sich
13	Reicher guter Herr	DIe Sache findet einen guten Ausgang, man verhält sich intuitiv richtig

14	Eine traurige Nachricht	Eine Nachricht bringt starke Veränderungen; die Nachricht erfordert auf jeden Fall Beachtung und Bewußtmachung
15	Guter Ausgang in der Liebe	Eine Partnerschaft wird beendet; in umgekehrter Legeweise: Die Beendigung einer Partnerschaft birgt den Neubeginn für die große Liebe (jedoch nicht so stark wie bei der Ehestandskarte!)
16	Seine Gedanken	In Gedanken ist man sich über die Beendigung schon im klaren, teilt dies aber noch nicht mit
17	Geschenk bekommen	Die Beendigung einer Situation bringt die „Erlösung"
18	Ein kleines Kind	Die Beendigung einer Sache oder Situation führt zu einem Neubeginn
20	Haus	Es gibt Probleme mit dem Haus/der Wohnung
21	Wohnzimmer	Eine starke Krise, die das Heim betrifft/Etwas wird zerstört, geht kaputt. Evtl. Kündigung des Mietvertrages oder Verlust des Hauses
22	Militärperson	Die Beendigung wird durch große Selbstdisziplin, Zucht und Ordnung überwunden
23	Gericht	Eine Sache kommt auf beinahe tragische Weise zu Ende
24	Diebstahl	Etwas geht unwiederbringlich verloren
25	Zu hohen Ehren kommen	Man schließt ein Projekt ab. Je nach Lage der Karte werden hohe Ehren erreicht, oder man findet sich damit ab, daß sich die Vorstellung davon nicht erfüllt

26	Großes Glück	Die Beendigung einer Sache/Situation verspricht das große Glück (auch wenn man es in der derzeitigen Situation nicht erkennen kann)
27	Unverhofftes Geld	Eine Glücksphase nähert sich dem Ende/Ein Vertrag kommt nicht zustande
28	Erwartung	Man erwartet die Beendigung einer Sache oder Situation
29	Gefängnis	Man fühlt sich von der Außenwelt abgeschnitten; hier geht es darum, die Situation als Prüfung zu betrachten, um etwas daraus zu lernen
30	Gerichtsperson	Beistand wird notwendig
31	Kurze Krankheit	Die Störung sollte nicht unterschätzt werden: Frage jemand, der vielleicht ähnliches erlebt hat, um Rat!
32	Kummer und Widerwärtigkeiten	Die Beendigung eines Lebensabschnitts oder ein Trauerfall, der nicht aufgearbeitet wird (werden kann), bereitet großen Kummer
33	Trübe Gedanken	Man weiß nicht genau, wie man eine Sache zu einem vernünftigen Abschluß bringen kann
34	Arbeit	Mit dem Abschluß einer Sache ist viel Arbeit und Mühe verbunden; in umgekehrte Legeweise auch: Vergebliche Mühen („Innere Kündigung“)
35	Ein langer Weg	Eine Entscheidung wird fällig, sonst führt der Weg zwangsläufig zur Beendigung einer Sache oder Situation
36	Die Hoffnung, großes Wasser	An die Beendigung einer Situation oder Sache sind große Hoffnungen geknüpft

20 Haus

Basis, Herkunft, Selbstvertrauen

Beschreibung der Karte

Fast das gesamte Bild wird von einem großen *Haus* eingenommen, welches durch eine *Mauer* und einen Zaun eingegrenzt ist. Zahlreiche *Fenster* lassen auf ein geselliges Leben der Bewohner schließen, obwohl das Haus trutzig und verschlossen wirkt. Alleine der *rauch*ende Schornstein deutet darauf hin, daß sich im Haus Personen befinden, die es sich dort behaglich eingerichtet haben.

Grundsätzliche Deutung der Karte

Diese Karte bezeichnet unseren angestammten Platz und steht deshalb im übertragenen Sinn für unsere Herkunft, unser Elternhaus, aber auch für das Selbstvertrauen, aus dem die Kraft geschöpft wird, an die eigenen Ziele und Handlungen zu glauben. Die Karte bedeutet darüber hinaus noch den materiellen Besitz eines Hauses oder einer Wohnung, als den Platz, zu dem man Zugehörigkeit empfindet.

Partnerschaft: Du befindest Dich in einer stabilen Situation, in der Du Dich gegen fremde Einflüsse zu schützen weißt. Die Menschen, mit denen Du Dich umgibst, verhelfen Dir zu großer Sicherheit und Stabilität und stärken so wiederum Dein Selbstvertrauen. Die Beziehungen sind geprägt von Gleichberechtigung und Ausgewogenheit. Auf der anderen Seite zeigen sich aber auch Tendenzen, sich von seinem Umfeld abzukapseln und sich in eine (freiwillige) Isolation zu begeben. Wenn Du diese Situation nicht mit selbstzerstörerischen Grübeleien vertust, sondern sie nutzt, um in Gedanken und Gefühlen den Kontakt zu Deinem eigenen Selbst aufzunehmen und Dich zu zentrieren, wirst Du für Dich Ruhe und Harmonisierung erfahren. Teile diese positiven Gefühle mit den Menschen, die Du liebst.

Selbsterkenntnis und Hintergründe: Du neigst derzeit dazu, Dich Deinem Umfeld nicht offen und ungezwungen gegenüber zu verhalten. Entweder ist es die Angst davor, in Deinen Empfindungen verletzt zu werden, oder die beinahe zwanghafte Rebellion gegen bestehende Konventionen. Doch Du bist Dir des Ungleichgewichts in Dir bewußt geworden und suchst nun nach Schutzräumen, die Du auch findest. Zumeist verändert sich Deine Unzufriedenheit mit der Situation zunächst nicht, weil Du bisher noch nicht bis zum Kern der Ursache für Deine Verhaltensmuster vorgedrungen bist. Was ängstigt Dich, an die Tür des Hauses zu klopfen und um Einlaß zu bitten, damit Du in den Räumen nach der Lösung Deines Problems suchen kannst? Kehre in Gedanken zurück in das Haus, in dem Du Deine Ausgeglichenheit zurückgelassen hast. Erkenne, was Dich emotional so sehr berührt hat, daß Du Deine Stabilität geopfert und die Situation verdrängt hast. Anstatt Deine innere Führung um Rat zu fragen, hast Du Dein Selbst zurückgedrängt und versucht, Dein Problem durch Projektion auf Außenstehende zu lösen. Nutze die aktuelle Situation, in der Du bereit bist, Dich selbst zu akzeptieren und umsichtig mit Deinen alten Wunden umzugehen, die Krusten behutsam zu entfernen und alle darunter befindlichen Partikel zu beseitigen, die die Heilung verzögern können. Auch wenn es noch einige Zeit dauern wird, bis Du die Auswirkungen in ihrer Gesamtheit spürst, wirst Du Dein inneres Gleichgewicht zurückerhalten und dem Außen wieder offen und frei begegnen können.

Konflikte: Wenn Du derzeit Auseinandersetzungen hast, die durch diese Karte verkörpert werden, dann bedeutet dies, daß alle Schwierigkeiten aus einer unausgeglichenen Haltung resultieren, die Du anderen gegenüber an den Tag legst. Dies kann zum einen eine betonte Selbstsicherheit sein, in der Du dazu neigst, aus sicherer Entfernung mit Kanonen auf Spatzen zu schießen, oder zum anderen die devote Unterordnung unter die Meinung und Ansichten anderer. Versuche, Dich zu zentrieren und nimm Kontakt zu Deiner inneren Führung auf. Was veranlaßt Dich in einer solch unangemessenen Weise zu reagieren; welche tiefsitzenden Ängste werden bei Dir berührt, deren Aufarbeitung Du auf diese Art zu umgehen versuchst? Nimm Dir Zeit, Dich ein wenig zurückzuziehen, um Deine Ausgeglichenheit und Stabilität wieder zu erreichen. Versuche, wieder auf den Mittelweg zurückzugelangen.

Hoffnungen und Ängste: Wie fast jeder andere auch erhoffst Du Dir für Dein Leben eine stabile und sichere Basis: Ein geregeltes Einkommen, ein Dach über dem Kopf, eine intakte Familie - die Bedürfnisse und persönlichen Wünsche dahingehend sind vielzählig. Doch der Gedanke an Sicherheit kann manchmal auch beängstigend sein, wenn man mit der Möglichkeit rechnet, daß diese Sicherheit eventuell nur ein trügerisches Scheinbild, eine Projektion oder Imagination ist.

Ein Haus, das auf Sand gebaut wurde, kann jederzeit in sich zusammenbrechen und die bis dahin vermeintlich sichere Existenz bedrohen. Dies kann dazu führen, daß man eine pessimistische Einstellung zum Leben entwikkelt und hinter jeder guten Sache und jedem Quentchen Glück gleich das doppelte Unglück vermutet.

Aber auch eine dritte Möglichkeit besteht noch, nämlich die Angst vor der Sicherheit und Ruhe. Ein geregeltes Leben verspricht in den seltensten Fällen ein Abenteuer und ein bißchen Aufregung; die Angst vor der spießbürgerlichen Langeweile kann hier dazu führen, daß man aus einer Zwangsvorstellung heraus permanent aktiv wird und ständig in Bewegung und unter Leuten sein will.

Durchforste die Räume Deines Selbst, und erfahre, was zu Deinem Schutz tatsächlich notwendig ist. Manche Dinge erhalten für uns nur Bedeutung, weil wir mehr in ihnen sehen, als sie tatsächlich darstellen und beinhalten. Frage Dich, was für Dich selbst wirklich wichtig ist. Worauf kannst Du nicht verzichten, um Dich sicher zu fühlen? Fertige eine Liste der Dinge an, die Du für wesentlich hältst, und hinterfrage die Punkte Deiner Aufzählung im Lauf der nächsten Tage immer wieder. Wahrscheinlich wirst Du feststellen können, daß Deine tatsächlichen Bedürfnisse doch weitaus geringer sind, als Du es jetzt vermuten würdest.

Beachtenswert bei der Deutung der Karte

Diese Karte bedeutet Dein Haus, Deinen Ankerplatz, aber auch Deine Ausgeglichenheit und Dein Selbstbewußtsein. Ergründe, welche dieser inhaltlichen Ebenen auf Deine gegenwärtige Situation zutrifft. Doch beachte, daß der Erwerb eines materiellen Hauses im übertragenen Sinn auch für die Erfüllung des unbewußten Bedürfnisses nach Sicherheit und Stabilität stehen kann und somit dazu dient, unserem Selbst einen Schritt entgegenzugehen.

Kurze Deutungshinweise mit anderen Karten

3	Ehestandskarte	Eine Verbindung, die Stabilität verleiht
4	Zusammenkunft	Bei dieser Verabredung geht es um das Haus, die Basis
5	Guter Herr	Du trägst Konflikte in Dir, die bereits vor Jahren entstanden, aber noch nicht aufgearbeitet sind
6	Gute Dame	Vertraue Deiner inneren Führung
7	Angenehmer Brief	Ein Dokument, daß mit dem Haus zusammenhängt (Grundbuch, Hypothek, Miete, Kündigung, o. ä.)
8	Falsche Person	Die Machenschaften kommen aus dem näheren Umfeld
9	Veränderung	Man schafft sich ein gemütliches Heim durch diese Veränderung
10	Reise	Unbeweglichkeit und Starre lassen an Haus und Heim festhalten; oder: Die Sehnsucht nach einem „Ankerplatz“
11	Viel Geld gewinnen	Man fühlt sich zu Hause rundum glücklich
12	Reiches Mädchen	Man verhält sich aus einer besonders stabilen Position heraus unnötigerweise unüberlegt
13	Reicher guter Herr	Durch leichtgemachte Erfolge kann man das Selbstwertgefühl verbessern; oder: Durch geringen Mitteleinsatz kann man ein Projekt verwirklichen
14	Eine traurige Nachricht	Es geht um die Basis Deiner Existenz
15	Guter Ausgang in der Liebe	Diese Beziehung gibt Halt und Sicherheit
16	Seine Gedanken	Man zweifelt an der eigenen (Selbst-)Sicherheit
17	Geschenk bekommen	Ein Geschenk für das Haus

18	Ein kleines Kind	Man fühlt sich geborgen
19	Ein Todesfall	Es gibt Probleme mit dem Haus/der Wohnung
21	Wohnzimmer	Das eigene Heim gibt Halt und Beständigkeit
22	Militärperson	Man befindet sich in einer stabilen, gesicherten Situation
23	Gericht	Es geht um eine Entscheidung/Trennung, die das Haus/die Basis betrifft; oder: Du fühlst Dich an den Pranger gestellt
24	Diebstahl	Jemand raubt Dir Energie
25	Zu hohen Ehren kommen	Man schafft es, seinen Status zu festigen
26	Großes Glück	Die aktuelle Situation verleiht Stabilität und Selbstsicherheit
27	Unverhofftes Geld	Die Erfüllung des Traums vom eigenen Haus/Heim rückt in greifbare Nähe
28	Erwartung	Man erhofft sich einen Ankerpunkt, also einen Ort, an den man gehört
29	Gefängnis	Man fühlt sich aus seiner Situation heraus isoliert
30	Gerichtsperson	Man hat Differenzen im Haus oder wegen des Hauses
31	Kurze Krankheit	Man ist aus dem Gleichgewicht geraten
32	Kummer und Widerwärtigkeiten	Man fühlt sich an der Basis bedroht
33	Trübe Gedanken	Du machst Dir erhebliche Gedanken über Deine Existenz
34	Arbeit	Die Probleme liegen tiefer, als man denkt; eine oberflächliche Betrachtung reicht nicht aus. Das Problem berührt die Basis Deines Wesens

35	Ein langer Weg	Es geht um eine existentielle Frage, zu der hier eine Entscheidung notwendig ist
36	Die Hoffnung, großes Wasser	Die geheimsten Wünsche und Ziele hängen mit Stabilität und Geborgenheit zusammen

21 Wohnzimmer

Heim, die Privatsphäre

Beschreibung der Karte

Ein im Stil der Jahrhundertwende eingerichtetes Wohnzimmer der gehobenen Mittelklasse. Trotz der kühl wirkenden Ausstattung bietet es genügend Freiraum und einen annehmbaren Komfort. Es befinden sich keine Personen in dem Raum, doch zahlreiche *Bild*er und ein großer *Spiegel* laden zur (Selbst-)Betrachtung ein. In der linken Ecke befindet sich ein *Blumen*postament, in der rechten Bildmitte, direkt unter dem großen Spiegel, sieht man ein Beistelltischchen, von dem allerdings nur das vordere rechte Bein zu sehen ist – es wirkt, als hinge es in der Luft. Auf diesem Tisch befindet sich unter einer Glaskupppel eine Skulptur, wobei sich in der Mitte der dort dargestellten Szene das Ziffernblatt einer *Uhr* befindet.

Grundsätzliche Deutung der Karte

Hier bist Du zu Hause! Dies ist Deine Wohnung, Dein inneres Selbst, der Ort, an dem Du Dich wohl und geborgen fühlst, kurzum Dein Heim. Du betrittst gerade den Raum und stellst beruhigt fest, daß dort, soweit Du es sehen kannst, alles in Ordnung ist. In diesem persönlichen Schutzraum kannst Du ganz Du selbst sein. Schau Dir in Ruhe Deine Bilder an, und tritt beruhigt vor den

Spiegel, dann höre einfach zu, was Deine innere Führung Dir mitteilen möchte.

Partnerschaft: Ob Deine Eltern, Freunde oder Dein Partner – Du führst mit allen eine harmonische und vertraute Beziehung, in der nicht immer viele Worte gesagt werden müssen, da Ihr Euch auch so versteht. Genieße diese Situation mit ihren Gefühlen der Hingabe und Offenheit. Fühle die Wärme der Geborgenheit, die Dich umgibt, und erspüre ganz genau dieses Wohlgefühl.

Wenn Du diese Gefühle jetzt im Moment noch nicht wahrnehmen kannst, dann sei sicher, daß sich Deine Situation von nun an wandeln wird. Setze Dich ruhig hin, und betrachte die Bilder in Dir selbst, von Dir und den Menschen, die du liebst. Lasse es zu, daß auch die Gefühle Deiner Kindheit wieder nach oben kommen, und arbeite sie auf, damit Du offen und frei auf Deine Mitmenschen zugehen kannst.

Konflikte: Jeder Mensch benötigt seinen eigenen kleinen Schutzraum, in dem er ganz ungestört mit sich selbst alleine sein kann. Diese Privatsphäre sollte auch akzeptiert werden. Leider ist dies nicht immer der Fall. Denn es kommt durchaus vor, daß wir gerade in einer Situation von jemandem enttäuscht werden, wenn wir es eigentlich am wenigsten erwarten. Aber auch wir können auf diese Weise andere verletzen, indem wir Dinge weitererzählen (selbst wenn dies ohne böse Absicht geschieht), die uns als Geheimnis anvertraut waren oder in den schützenswerten Bereich der Person eindringen, über die wir reden. Hinterfrage Dich, wie Du mit Deiner eigenen Privatsphäre und der anderer umgehst, wie behandelst Du vertrauliche Informationen, und was erwartest Du von Deinem Mitmenschen hinsichtlich Deiner kleinen Geheimnisse? Wenn Du entdeckst, daß zwischen dem, was

Du von anderen erwartest, und dem, wie Du Dich selbst verhältst, Diskrepanzen sind, dann analysiere sie. Dies wird Dich in ein Gleichgewicht bringen und für den freien Fluß der Energien und Informationen vorbereiten. Auch Dein Selbst wird Dir wieder etwas mehr von Deiner inneren Wahrheit anvertrauen können, wenn es weiß, daß auf Dich Verlaß ist und die verdrängten Begebenheiten in Ruhe aufgearbeitet werden können, bevor das Gerede anderer dies zwangsweise notwendig macht.

Selbsterkenntnis und Hintergründe: „Spieglein, Spieglein an der Wand ...!" In Deinem Heim befindest Du Dich in einem geschützten Bereich, wo Du Deine Gedanken und Emotionen vor Enttäuschungen behütet weißt. Doch wirst Du vor dem Spiegel an Deine Grenzen geführt, wenn Du erfährst, daß Dein Verhalten in einer bestimmten Situation nicht in Ordnung war. Diese Art der Selbstkritik und Selbstanalyse sind erst einmal ein Angriff aus der eigenen Reihe. Nun neigen manche Menschen dazu, diese unangenehme Kritik und die dazugehörige Begebenheit aus ihrem Bewußtsein zu verdrängen. Wenn wir nicht mehr sehen, was uns verletzt, kann es uns auch nicht mehr weh tun – so vermutet man zunächst.

Dies erinnert etwas an das Versteckspiel kleiner Kinder, die die Hand vor die Augen halten und davon ausgehen, daß man sie nicht mehr sehen kann, weil sie selbst nichts mehr sehen können.

Traue Dich ruhig, in Kontakt mit Deinem Selbst im Spiegel zu treten und mit ihm zu kommunizieren. Es wird Dir vielleicht nicht immer gefallen, was Du zu hören und zu sehen bekommst, doch gehören alle diese Aspekte zu Deinem eigenen, wahren Wesen. Sieh die Vorteile und das innere Wachstum, das Du durch diesen Lernprozeß erreichen kannst, und werde Dir klar darüber, daß Dich im

Außen nichts mehr verletzten kann, was Du im Innen bereits aufgearbeitet hast.

Hoffnungen und Ängste: Dich in Deine eigenen Schutzräume zurückziehen zu können, gibt Dir ein großes Gefühl der Sicherheit, doch kannst Du allein dort auch erfahren, daß es in Dir sehr einsam sein kann. Aber um andere Menschen in unsere privaten Räume lassen zu können, verlangen wir von uns selbst, eine gewisse Ordnung vorzufinden. Deine Befürchtungen gehen dahin, daß Du Dich ängstigst, jemand könnte entdecken, daß in Deinen Räumen etwas in Unordnung ist und Du regelrecht dazu gezwungen bist, Dich zu outen oder für Dein unordentliches Wesen zu entschuldigen. Alleine durch die Bewußtmachung dieser Ängste kannst Du es erreichen, gemeinsam mit Deinem Selbst an ihrer Bewältigung zu arbeiten. Du hast die Möglichkeit, die Räume Deines Selbst aufzuräumen und in ihnen Ordnung zu schaffen. Dann wirst Du auch bereit sein, andere in Dein Inneres zu bitten und Deine tiefsten Gefühle und Gedanken mit ihnen zu teilen. Schließlich kannst Du Dich Deinen Mitmenschen vielleicht sogar selbst als Spiegel anbieten, um sie bei der Aufarbeitung ihrer eigenen Probleme zu unterstützen.

Gehe vertrauensvoll auf den Spiegel Deiner Seele zu, und erkenne Dich selbst!

Beachtenswert bei der Deutung der Karte

Wie empfindest Du Dein Heim, wie schaffst Du Dir Räume der Geborgenheit? Dein Heim kann Deine reale Wohnung bedeuten, die als Spiegel Deiner inneren Räume zu sehen ist. Wie gestaltest Du sie, und wie ist die Ordnung darin? Stelle Dich einfach ein paar Minuten in die einzelnen Zimmer, betrachte sie, und schreibe Deine Erkenntnisse auf.

Mit der Karte können also manchmal Situationen gemeint sein, die sich auf Dein reales Heim beziehen, aber es kann auch Dein privater innerer Schutzraum angesprochen sein. In den nachfolgenden Deutungshinweisen findest Du hauptsächlich den allgemeinen Begriff Heim. Falls Du anhand der Kartenlage nicht direkt erkennen kannst, ob sich die Karte auf Dein inneres oder äußeres Heim bezieht, dann ziehe ergänzende Karten, und deute sie. Doch wenn sich auch nun noch keine befriedigende Antwort herausfinden läßt, dann verschiebe Deine Befragung um ein paar Tage, und versuche es dann erneut. Gib Deiner inneren Führung ein wenig Zeit, sich auf Deinen Besuch einzustellen.

Kurze Deutungshinweise mit anderen Karten

3	Ehestandskarte	Nach der Eheschließung bleibt man zu Hause (Hausmann/-frau); traute Zweisamkeit
4	Zusammenkunft	Nette Freunde kommen zu Besuch
5	Guter Herr	(Ärger mit der) Autorität im eigenen Haus
6	Gute Dame	Jemand stellt sich schützend vor Dein Heim
7	Angenehmer Brief	Es geht um eine Nachricht, die das eigene Heim betrifft
8	Falsche Person	Jemand versucht, Dich in Deinen eigenen vier Wänden auszuhorchen
9	Veränderung	Es gibt Veränderungen im/am Heim
10	Reise	Man möchte nicht gerne verreisen, oder man möchte zwar gerne verreisen, hängt aber (aus einem bestimmten Grund) an der Wohnung
11	Viel Geld gewinnen	Das Heim ist der Himmel auf Erden
12	Reiches Mädchen	Harmonie (und auch erfüllende Sexualität) im eigenen Heim
13	Reicher guter Herr	Sich im Heim/zu Hause wohl fühlen
14	Eine traurige Nachricht	Man fühlt sich nicht wohl in der Wohnung/Eine Nachricht, die die Wohnung betrifft
15	Guter Ausgang in der Liebe	Man liebt das Heim/Rückzug der Zweisamkeit wegen in das Heim
16	Seine Gedanken	Stimmungsschwankungen, die aus dem eigenen Heim resultieren
17	Geschenk bekommen	Renovierung des Hauses; oder: Etwas für das Haus geschenkt bekommen
18	Ein kleines Kind	Sich zu Hause fühlen

19	Ein Todesfall	Eine starke Krise, die das Heim betrifft; etwas wird zerstört, geht kaputt/Evtl. Kündigung des Mietvertrags oder Verlust des Hauses
20	Haus	Das eigene Heim gibt Halt und Beständigkeit
22	Militärperson	Dein Heim ist gut bewacht
23	Gericht	Das Heim betreffend wird eine Entscheidung getroffen; gegebenenfalls muß man sich von etwas trennen
24	Diebstahl	Etwas im/am Heim geht verloren/wird gestohlen
25	Zu hohen Ehren kommen	Der Schlüssel zum eigenen Heim
26	Großes Glück	Großes Glück und idyllisches (Familien-)Leben im eigenen Heim
27	Unverhofftes Geld	Zu Hause glücklich sein/Ein kleiner Beitrag, um das Heim zu verschönern
28	Erwartung	Das Heim bildet einen persönlichen Schutzraum (My home is my castle)
29	Gefängnis	Das eigene Heim bringt schwere Probleme, die aber überwunden werden
30	Gerichtsperson	Ärger mit dem Mietverhältnis evtl. aber auch mit der Hypothekenbank/ Ärger zu Hause
31	Kurze Krankheit	Der Wunsch nach dem eigenen Heim kann sich erfüllen; aber auch: Das eigene Heim führt zu (gesundheitlichen) Belastungen
32	Kummer und Widerwärtigkeiten	Sorgen, die das Heim betreffen, kündigen sich an und verlangen eine weise Entscheidung

33	Trübe Gedanken	Eine Hinterlist, die mit dem Heim zusammenhängt; dies kann mit dem Objekt zu tun haben oder mit einer Person
34	Arbeit	Im Heim gibt es Probleme, deren Bewältigung viel Kraft kostet
35	Ein langer Weg	Das Heim betreffend muß eine Entscheidung getroffen werden
36	Die Hoffnung, großes Wasser	Das Hoffen und Sehnen nach dem eigenen Heim, nach der Privatsphäre

22 Militärperson

Ordnung, Sicherheit, Disziplin, Verantwortung

Beschreibung der Karte

Zentrale Figur des Bilds ist ein uniformierter junger Mann, der eine lockere Haltung angenommen hat. Seine Dienstpflicht ruht für wenige Augenblicke, denn die Kopfbedekkung hat er auf den Tisch gelegt, der sich zu seiner Rechten befindet, und an den er sich lässig mit einer Hand stützt. Über dem Tisch befindet sich ein kleines eingerahmtes *Bild*, das eine Landschaft mit einem Reiter zeigt. In der rechten Bildseite ist ein Teil eines Schranks sichtbar.

Grundsätzliche Deutung der Karte

Deine innere Stimme meldet sich und versucht, Dir den rechten Weg zu weisen. Nicht immer ist es einfach, in einer Situation zu entscheiden, wie man sich weiter verhalten soll, und manchesmal benötigt die Fortführung einer Sache auch starke Energien und Selbstdisziplin, um alles wieder zur göttlichen Ordnung zu führen. Lasse Dich leiten, und lerne, wieder auf Dein wahres Ich zu hören, denn es gibt kaum einen besseren Ratgeber für Dich, als Dein Selbst es sein kann.

Partnerschaft: Deine Beziehung ist etwas mehr von Deinem Verstand als von Deinen Gefühlen geleitet. Bisher hat dies für Dich auch sehr gut funktioniert, doch bisweilen schleicht sich schon einmal das Empfinden ein, daß Dir in dieser Partnerschaft etwas fehlt. Dem Partner zu vertrauen und sich seinem Schutz zu überlassen bedeutet, sich selbst ein wenig aufzugeben. Denn erst wenn Du Dich von Deinem eigenen starren Ich etwas gelöst hast, kannst Du Dein Wesen und Deine Seele in die Hände derer geben, die Du liebst. Doch Vertrauen ist eine Sache, die sich nicht alleine mit dem Verstand, mit dem Logos, berechnen läßt; Vertrauen zu haben erfordert auch, ein Gespür dafür, wer unserer Gefühle wert ist und bei wem wir uns sicher und geborgen fühlen können. Es gibt Menschen, die uns dieses Gefühl bereits im ersten Augenblick vermitteln können, andere benötigen wir vielleicht Monate oder Jahre. Erzwinge nichts, sondern frage Dich selbst, welche Eigenschaften an einem Menschen Dich daran hindern, ihm oder ihr zu trauen.

Selbsterkenntnis und Hintergründe: Du bist bestrebt, alles in Deinem Leben in Ordnung zu bringen und gehst dabei manchmal etwas militant gegen Dich selbst vor. Du setzt Regeln und Prinzipien, die nicht verletzt oder gebrochen werden dürfen. Viele dieser Manifeste wurden im Laufe Deines Lebens erstellt und haben die Jahre überdauert, ohne noch einmal hinterfragt worden zu sein, weil sie einen vermeintlichen Schutz versprechen. Solange die Regeln nicht gebrochen werden, gibt es für Dich ja keinen Handlungsbedarf, und die drakonischen Strafen, die Du verhängst, wenn eine Verfehlung erfolgt, schrecken davor ab, noch einmal einen Fauxpas zu begehen. So kannst Du Dich hinter Deiner aggressiven und bis an die Zähne bewaffneten Fassade verstecken, damit Du für den Rest der Welt unangreifbar bist. Doch vor lauter Furcht vor Bedrohung hast Du in der letzten Zeit etwas zu häufig „mit Kanonen auf Spatzen geschossen“. Deine ehemals lockeren Regeln sind zu radikalen Gesetzen geworden, die Dir selbst jeden Freiraum nehmen. Überprüfe Deine Prinzipien, und trenne Dich von denen, die Du nicht mehr brauchst, weil sie Dir nicht mehr entsprechen; nimm Dir selbst etwas mehr Freiheit, und gehe die nächste Zeit etwas lockerer an.

Konflikte: Mit Disziplin und Gehorsam läßt sich sicherlich einiges im Leben erreichen, doch heißt dies nicht auch zwangsläufig, daß Du andere in das kalte Wasser schubst, damit sie schwimmen lernen, denn dies ist nicht die einzige Methode, wie man es anderen beibringen kann. Doch die eigenen durchgestandenen Strapazen und Schwierigkeiten lassen Dich mitunter auch schon einmal vergessen, daß es Zeiten gab, in denen Du von dem Wohlwollen und der Milde anderer profitiert hast. Deine Auszeichnungen und Ehrungen sind nicht alleine Dein eigener Verdienst, sondern auch das Resultat der Gemeinschaft, die Deinen Willen, ein Ziel zu erreichen, getragen hat. Dekadenz und Überheblichkeit sind die dunklen Aspekte dieser Karte, die Dich in der einen oder anderen Form immer wieder in Konflikt mit Deinem Umfeld bringen. Ergründe, warum Du versuchst, Dich stolz gegen andere abzugrenzen – und wo es Dir schwer fällt, auch einmal demütig und ruhig zu sein.

Hoffnungen und Ängste: So wie Mikrokosmos und Makrokosmos durch ihre jeweils gültige Ordnung im Einklang sind, so bringt auch diese Karte zum Vorschein, daß Du in Dir nach Ordnung suchst und auch Dein Umfeld in diese Ordnung mit einbeziehen möchtest. Die Hoffnung darauf, daß alles durch die göttliche Fügung und natürliche Ordnung wieder ins Reine kommt, trägst Du unbewußt in Dir. Doch auch die Angst vor dem Chaos ist präsent. Nämlich die Furcht vor der absoluten Unordnung – in Form der Unter-Ordnung, die notwendige Regeln entbehren läßt, wie aber auch der Über-Ordnung, die jedes Individuum über die Maßen einschränkt und jeden Freiraum nimmt.

Beachtenswert bei der Deutung der Karte

Die Karte steht nicht alleine für Dich und Deine eigene Ordnung, sondern sie verkörpert auch Dir nahestehende Freunde, Verwandte und wohlgesonnene Personen. Es ist hier für Dich interessant zu erfahren, ob es mehr der Schutzaspekt der Karte ist oder mehr die Ordnung, die Du suchst oder mit der Du in Konflikt gerätst. Um dies zu erfahren kann es notwendig sein, ergänzende Karten zu ziehen. Nimm Kontakt zu Deiner inneren Führung auf, und ergründe die Bedeutung der Karte für Dich und Dein Leben.

Kurze Deutungshinweise mit anderen Karten

3	Ehestandskarte	Eine Vernunftehe
4	Zusammenkunft	Ein Treffen verläuft ohne weitere (negative) Vorkommnisse
5	Guter Herr	Es gibt Krach (der wahrscheinlich nicht sein müßte) mit einem guten Freund
6	Gute Dame	Jemand, auf den Du bedingungslos zählen kannst
7	Angenehmer Brief	Eine Nachricht, bei der man etwas auf der Hut sein sollte
8	Falsche Person	Ein treuer Freund ist in Gefahr/steht unter schlechtem Einfluß
9	Veränderung	Man führt eine Veränderung durch, um alles wieder in Ordnung zu bringen
10	Reise	Ein Bußgeld im Straßenverkehr/Ärger mit Offiziellen im Urlaub/Der Hinweis auf einen streng durchorganisierten Urlaub, der kaum Freiraum läßt
11	Viel Geld gewinnen	Man versucht, mit dieser Hochphase sehr selbstdiszipliniert umzugehen
12	Reiches Mädchen	Man neigt dazu, die Dinge laufen zu lassen
13	Reicher guter Herr	Man erreicht sein Ziel wahrscheinlich etwas eher, wenn man etwas lockerer an die Sache herangeht
14	Eine traurige Nachricht	Jemand steht helfend und schützend zur Seite
15	Guter Ausgang in der Liebe	Selbst in Liebesdingen kann man nicht locker und entspannt sein
16	Seine Gedanken	Man hat das Gefühl, das etwas in Unordnung ist, kann aber nicht genau bestimmen, um was es sich handelt

17	Geschenk bekommen	Das Geschenk geht in Ordnung – es ist angebracht und angemessen
18	Ein kleines Kind	Man fühlt sich gut beschützt und behütet
19	Ein Todesfall	Ein Verlust wird durch große Selbstdisziplin, durch Zucht und Ordnung überwunden
20	Haus	Man befindet sich in einer stabilen, gesicherten Situation
21	Wohnzimmer	Dein Heim ist gut bewacht
23	Gericht	Es ist derzeit alles in Ordnung und in guten Händen; man regelt es für Dich
24	Diebstahl	Trotz aller Vorsichtsmaßnahmen kommt etwas weg
25	Zu hohen Ehren kommen	Mit Disziplin und Regelmäßigkeit versucht man die Erfolgsleiter zu erklimmen
26	Großes Glück	Man hütet das eigene persönliche Glück
27	Unverhofftes Geld	Jemand wacht über Dein Glück/ beschützt Dich
28	Erwartung	Obwohl man etwas mit Spannung erwartet, verhält man sich sehr selbstdiszipliniert
29	Gefängnis	Die eigene Selbstkontrolle und Beständigkeit engt einen ein
30	Gerichtsperson	Vertraue Dich einem guten Freund an
31	Kurze Krankheit	Man achtet auf seine Gesundheit
32	Kummer und Widerwärtigkeiten	Eine bisher immer hilfsbereite Person wendet sich ab, man erhält keine Unterstützung mehr
33	Trübe Gedanken	Du kannst dich in einer Notsituation auf Deine Freunde verlassen
34	Arbeit	Man muß noch einiges tun, um die Ordnung (wieder) herzustellen

35	Ein langer Weg	Es wird noch eine Weile dauern, bis der ordnungsgemäße Zustand wiederhergestellt ist
36	Die Hoffnung, großes Wasser	Man hütet die eigenen Wünsche und Träume mit Wohlwollen und Bedacht

23 Gericht

Zwist, Ernte, Trennung, Entscheidung

Beschreibung der Karte

Das Hauptfeld der Karte wird von mehreren ungleich großen Häusern bestimmt. Ganz rechts im Bild befindet sich das größte sichtbare Gebäude, das Amtsgericht. Zwischen diesem und dem nächsten großen *Haus*, auf der linken Seite des Bilds, steht eingepfercht ein kleineres Häuschen.

Vor dem Amtsgericht ist ein Gerichtsdiener zu sehen, der die rechte Hand am Schlagstock hält und in der linken Hand die Ladung vor Gericht, die er zu der betreffenden Person bringt.

Grundsätzliche Deutung der Karte

Das „Gericht" ist die Gerechtigkeit, die Ausgleichung (das Gleichgewicht), die Entscheidung und Urteilsfindung, Schuld und Entschuldigung. Schau in die Waagschalen, die Du in Deinem Leben mit positiven und negativen Taten und Worten gefüllt hast, und fälle ein gerechtes Urteil über Dich selbst. Vielleicht wirst Du beherzt damit anfangen, diese Aufforderung direkt in die Tat umzusetzen, doch kein Urteil kann in kurzer Zeit gefällt werden, wenn es objektiv, gerecht und ausgleichend sein soll.

Partnerschaft: In der Vergangenheit hast Du wesentliche Aspekte in Deiner Beziehung unberücksichtigt gelassen. Dadurch ist die Partnerschaft in ein Ungleichgewicht geraten, denn die Aufmerksamkeiten und Gefühle, die Du und Dein Partner in Eure jeweiligen Waagschalen verteilt habt, sind nicht ausgewogen. Dies ist der Zeitpunkt, die Augen zu öffnen und gemeinsam zu überlegen, ob das Ungleichgewicht ein gravierendes Maß angenommen hat oder ob die Schalen nur eben einmal ein bißchen gewippt haben. Je geringer die Differenz, desto leichter fällt es Euch, die Harmonie in Eurer Beziehung wieder herzustellen, denn durch ein ehrliches und bewußtes Urteil zu der aktuellen Situation lassen sich Mittel und Wege finden, mit denen Ihr Euer Verhalten steuern und somit die negativen Tendenzen neutralisieren könnt.

Selbsterkenntnis und Hintergründe: Du hast in Deinem Leben immer wieder solche Situationen gemeistert, in denen Du um Dein inneres Gleichgewicht gerungen hast, und meist bist Du mit heiler Haut davon gekommen. Auch wenn Du in diesen immer wiederkehrenden Prüfungen in Deinem Leben bisher noch keinen Sinn spüren konntest, sei Dir sicher, daß Du für Dich und Deine Zukunft einiges daraus lernen konntest. Es geht um karmische Lektionen, die man zu lernen hat, um bestehende Verflechtungen zu lösen. Wie ein Wiederholungstäter erscheinst Du dabei vor Gericht, um Dich zu einer Aufgabe prüfen zu lassen. Denke über Deine Lebensprüfungen nach: Welches waren gravierende Ereignisse, wie hast Du Dich in dieser Situation verhalten, und was ist geschehen, wie hast Du selbst diese Situation erlebt, und wie empfandest Du das Urteil? Vergleiche die Situationen miteinander, analysiere sie, und entdecke die Parallelen. Wenn Du erkennen kannst, worin eine Deiner Lebensaufgaben liegt und was Du zu lernen hast, dann wirst Du zukünftig ähnliche Situationen für Dich besser auflösen können, ohne dabei wieder aus dem Gleichgewicht zu geraten.

Konflikte: Gerechtigkeit, Selbstgerechtigkeit, Ungerechtigkeit, welchen dieser Wesenszüge verkörperst Du? Sei ehrlich in Deinen Urteilen Dir selbst und anderen gegenüber. Natürlich ist es leichter, gerecht zu sein, wenn weder die Strafe noch die Belohnung uns selbst zufällt. Wenn es um eine Strafe für uns geht, sind wir vielleicht selbstgerecht und bemessen unserem Gläubiger nur einen Teil dessen zu, was wir ihm tatsächlich schulden. Auf der anderen Seite ist es ebenso schwer, gerecht zu sein, wenn man für sich selbst eine Belohnung ermessen soll. Sind wir nicht vielleicht auch hier ungerecht, wenn es darum geht, mit anderen zu teilen? Der tägliche Kampf um Gerechtigkeit für uns und andere führt Dich aus der Zentriertheit Deiner eigenen Mitte heraus. Es besteht dabei immer die Gefahr, daß Du nur um des Kampfes willen weiterkämpfst und seine Ursache aus den Augen verlierst. Überprüfe immer wieder Deine Standpunkte, halte von Zeit zu Zeit inne, und zentriere Dich neu, wiege die Argumente beider Seiten gegeneinander ab, und die bestehenden Konflikte werden sich auflösen.

Hoffnungen und Ängste: Ausgleich und Harmonie sind die Hoffnungen, die Du im Bereich dieser Karte in Dir trägst. Das heißt, daß Du bereits auf dem besten Wege bist, Akzeptanz und Toleranz gegenüber Andersdenkenden zu entwickeln.

Mit der Hoffnung auf eine gute und für alle Seiten befriedigende Lösung trägst Du einen Keim in Deiner Seele, der sich über Deine Ausstrahlung auch Deinen Mitmenschen mitteilen wird. Deine positive Auffassung wird spürbar, auch wenn sie im Moment vielleicht noch etwas zaghaft ist.

Wenn Du Deine Lebenslektionen bereits ausführlich analysiert hast, dann sei ruhig zuversichtlich, daß sich die Situation im allgemeingültigen, gerechten Sinne auflösen wird. Doch auch in dem Fall, daß Du durch verdrängte Geschehnisse nun wieder alte Wunden aufreißen mußt, bringt Dich diese Situation der Lösung einer Deiner Lebensaufgaben einen großen Schritt näher. Schau dieses Mal vielleicht nur etwas genauer hin, damit Du die Parallelen zu Deinen anderen Lebensereignissen entdecken und aus ihnen für Deine Zukunft etwas lernen kannst.

Beachtenswert bei der Deutung der Karte

„Die Wahrheit liegt im Auge des Betrachters", und es ist immer leicht die eigene Wahrheit zu entdecken und als allgemeingültig anzunehmen, als seinen Standpunkt und Blickwinkel zu verändern und dann vielleicht festzustellen, daß der andere aus seiner Sicht ebenfalls recht hatte. Doch in unserer Vorstellung schließt es sich vielfach noch aus, daß gleichzeitig zwei verschiedene Dinge richtig und wahr sein können. Versuche, Dir zu verinnerlichen, daß es keine allgemeingültige Wahrheit gibt, sondern daß die Wahrheit immer wieder darauf wartet, in diesem einen Moment und für diese eine Situation neu gefunden zu werden, und daß sie tatsächlich mehrere Seiten haben kann.

Kurze Deutungshinweise mit anderen Karten

3	Ehestandskarte	Eine Ehe/Partnerschaft wird getrennt; oder: Hier wird eine wichtige Entscheidung fällig (aktuelle und aktive Problembewältigung)
4	Zusammenkunft	Eine Zusammenkunft vor oder nach einer Entscheidung (Lage der Karte!)/ Ein Treffen bezüglich dieser Entscheidung wird notwendig
5	Guter Herr	Man muß sich von etwas trennen, um Unheil abzuwenden
6	Gute Dame	Man hat freundschaftlichen Beistand in dieser Sache
7	Angenehmer Brief	Es zeichnet sich ein (gutes) Ende ab
8	Falsche Person	Jemand versucht, Dich von etwas/ jemandem (der Wahrheit) zu trennen
9	Veränderung	Diese Entscheidung/Trennung bringt eine große Veränderung (einen Umzug o. ä.) mit sich
10	Reise	Eine Entscheidung, eine Reise betreffend, ist fällig
11	Viel Geld gewinnen	Ein guter Ausgang zeichnet sich ab/ Man erhält etwas zugesprochen
12	Reiches Mädchen	Man geht zu unbedarft an die Sache heran
13	Reicher guter Herr	Man geht gelassen an diese Entscheidung heran
14	Eine traurige Nachricht	Belastender Ent- oder Bescheid/ Ladung vor Gericht/Ein Urteil/Auf jeden Fall eine Nachricht von einer Behörde oder Institution
15	Guter Ausgang in der Liebe	Eine Trennung von jemandem oder etwas wird notwendig, um einen guten Ausgang in der Liebe zu erzielen

16	Seine Gedanken	Man grübelt über den Sinn und den Ausgang dieser Sache nach
17	Geschenk bekommen	Eine Schenkung muß noch gerichtlich bestätigt werden/Ärger wegen eines Geschenks
18	Ein kleines Kind	Es geht bei dieser Sache um ein Kind oder etwas Neues, das einem sehr am Herzen liegt
19	Ein Todesfall	Eine Sache kommt auf tragische Weise zu Ende
20	Haus	Es geht um eine Entscheidung/ Trennung, die die eigene Basis betrifft
21	Wohnzimmer	Das Heim betreffend wird eine Entscheidung getroffen; ggfs. muß man sich von etwas trennen
22	Militärperson	Es ist derzeit alles in Ordnung und in guten Händen/Man regelt es für Dich
24	Diebstahl	Etwas wurde Dir gestohlen/weggenommen, dies versuchst Du wiederzubekommen.
25	Zu hohen Ehren kommen	Mit dem Ausgang und der Entscheidung sind Ansehen und sozialer Rang verbunden
26	Großes Glück	Es wendet sich alles zum Guten; oder: Eine Glückssträhne endet hierdurch (Lage der Karte!)
27	Unverhofftes Geld	Eine Entscheidung zu Deinen Gunsten/Der gute Ausgang eines (Rechts-)Streits
28	Erwartung	Man erwartet dringend die Entscheidung in einer Sache
29	Gefängnis	Ein unbefriedigender Ausgang in dieser Sache/Man wird „bestraft"
30	Gerichtsperson	Hier wird auf jeden Fall Beistand notwendig

31	Kurze Krankheit	Etwas zehrt an Deinen Kräften; hier muß eine Entscheidung getroffen werden
32	Kummer und Widerwärtigkeiten	Die Trennung (ihre Erwartung) bereitet große Probleme und Kummer
33	Trübe Gedanken	Man grübelt in der Erwartung der bevorstehenden Entscheidung
34	Arbeit	Es bedarf viel Kraft und Anstrengung, diese Sache zu überwinden
35	Ein langer Weg	Hier ist in zweifacher Hinsicht eine Entscheidung fällig; man muß aber selbst aktiv werden!
36	Die Hoffnung, großes Wasser	Mit der Entscheidung sind große Hoffnungen verbunden

24 Diebstahl

Diebstahl, Verlust, List, (Selbst-)Betrug

Beschreibung der Karte

Im linken Teil des Bilds sieht der Betrachter den Ausschnitt eines Schranks. Im rechten Teil ist ein Mann mittleren Alters zu sehen, der – in Straßenkleidung, jedoch mit *Pantoffel*n –, in jeder Hand einen Geldsack tragend, zur Tür hinaus will. Das Geldfach des Schranks steht noch offen, so daß man sehen kann, daß sich noch Wertgegenstände darin befinden. Auf dem Schrank stehen vier Zier- oder Trink*gefäß*e. Auf dem Boden vor dem Schrank liegen zahlreiche *Schlüssel* verstreut.

Grundsätzliche Deutung der Karte

Etwas in der gegenwärtigen Situation bereitet Dir Verdruß und Verluste. Prüfe zunächst, auf welcher Ebene sich dieser Diebstahl vollziehen kann, denn es geht hier nicht nur um materielle Dinge, sondern auch um den Verlust Deiner Kräfte im emotionalen oder energetischen Bereich.

Partnerschaft: Gib jetzt ein wenig Acht auf Dich und Deinen Partner, denn in der letzten Zeit hat sich Eure Beziehung unmerklich verändert. Es sind keine gravierenden Wandel eingetreten, eher sollten diese neuen Bewegungen dafür sorgen, etwas frischen Wind in Eure Partnerschaft zu bringen, als Euch stetig weiter auseinanderzutreiben. Achte darauf, wem Du intime Dinge Deiner Beziehungen anvertraust, doch das heißt nicht, daß Du jetzt mißtrauisch gegen jeden sein sollst.

Selbsterkenntnis und Hintergründe: Manchmal neigst Du dazu, einfach über Deine Kräfte zu haushalten. Es ist niemals eine ganz große Aktion, die Deine Kräfte aufzehrt und sie langsam schwinden läßt, nein, meistens sind es diese unendlich vielen kleinen Dinge, die Du Dir tagtäglich vornimmst (oder anderen abnimmst) und die Du zumeist dann doch nicht alle erledigt bekommst. Es sind auch schon einmal kraftraubende Gespräche mit anderen Menschen, die Dir durch ihre Anwesenheit keine neue Energie spenden, sondern die Deine Kräfte abschöpfen und für ihre eigenen Tätigkeiten umsetzen können. Solche Leute erkennst Du daran, daß Du nach dem Gespräch mit ihnen meistens vollkommen leer und ausgebrannt zurückbleibst, obwohl Du vorher noch vor Energie und Tatendrang gestrotzt hast. Schütze Dich und Deine Energien vor diesen unnötigen Verlusten, denn Deine Kräfte sind zu kostbar, um auf diese Weise vergeudet zu werden. Überprüfe Deine Tagesplanung: Welches sind die Aktionen, die Dir die meiste Zeit und die Nerven rauben? Disponiere sie anders in Deinen Tages- und Arbeitsrhythmus ein. Achte vor allem auf jene Mitmenschen, die es unbewußt genießen, von Deinen Energiereserven gespeist zu werden. Schütze Dich davor, indem Du mental ganz bewußt gegensteuerst – es sei denn, Du machst Dich freiwillig zum Kanal dieser fließenden Energie für andere. Beschäftige Dich ein wenig mit energetischer Arbeit und Visualisierung, dann wirst Du bald eine geeignete Technik gefunden haben, um Dich vor unerlaubten Zugriffen auf Deine energetische Ebene zu schützen.

Konflikte: Auch auf dieser Ebene versucht sich etwas, auf leisen Sohlen aus dem Raum zu schleichen, und die Namen diese lauten: Argumentation, Konfliktbereitschaft und Kritikfähigkeit. Es ist nicht leicht, mit jemandem zu streiten und Probleme zu diskutieren, wenn der andere währenddessen ein Kreuzworträtsel löst oder gerade keine Zeit hat, weil vermeintlich dringendere Verpflichtungen warten, die es unmöglich machen, gerade jetzt zu reden. Später hat sich das Bedürfnis, etwas zu besprechen, vielleicht schon gelegt, oder der notwendige Antrieb ist nicht mehr da, und so sind die liebenswerten Mitmenschen wieder einmal davongekommen. Betrachte Dich rückblickend selbst in Konfliktsituationen. Wie hast Du Dich verhalten? Gehörst Du zu den Leuten, die alles und jedes bis ins kleinste ausdiskutieren, oder gehörst Du zu denen, die lieber warten, bis das Thema sich von selbst erledigt? Vor Problemlösungen davonzulaufen macht wenig Sinn, auch wenn es nicht angenehm ist, manche Dinge zu hören, die man gar nicht hören möchte. Oder schleichst Du gar wie die Katze um den heißen Brei, ohne zu wissen, wie Du ein Problem oder ein Thema am besten ansprechen solltest? Wenn Deine persönlichen Schwierigkeiten häufiger auf dieser Ebene entstehen, dann ziehe einige ergänzende Karten hierzu, die Dir helfen, einen Weg und eine Problemlösung zu finden; denn wenn Du Dir diese Zentralfrage Deines Lebens bewußt gemacht hast, bist Du bereits ein gutes Stück näher an die Lösung herangekommen, als es Dir derzeit bewußt ist.

Hoffnungen und Ängste: Du trägst Dich mit inneren Zweifeln und Ängsten, die Dich darin hemmen, einen klaren Gedanken zu fassen. Doch welche Punkte in Deinem Leben sind es, welche Relikte aus vergangener Zeit, die diese Selbstzweifel nach oben bringen und Dir somit den Blick für die Realität, für Dein Selbst und Deinen Wert trüben? Es scheint vielmehr, als wolltest Du diese verborgenen Ängste durch raffiniertes Verhalten, durch Gerissenheit und Kontrolle übertünchen und überlisten. Doch betreibst Du diese Überprüfungsmechanismen beinahe manisch. Versuche, Kontakt zu Deiner inneren Führung, zu Deinem Selbst aufzunehmen und erforsche, auf welcher seelisch-emotionalen Ebene Du einmal so sehr verletzt wurdest, daß Du die heutigen Mittel und Wege der Kompensation suchst. Nimm Dir Zeit mit Dir selbst, und wenn es Dir leichter fällt, ziehe ergänzende Karten, um Deine Suche zu unterstützen. Löse Deine alten Verflechtungen, und stärke Deine (Selbst-)Sicherheit.

Beachtenswert bei der Deutung der Karte

Der Diebstahl ist ein „Trojanisches Pferd", denn hinter dieser Karte steckt nicht immer das, was man im ersten Moment vielleicht vermuten würde. Deshalb deute diese Karte auch mit einer gewissen Vorsicht, denn nicht jedesmal, wenn diese Karte auftaucht, hat Dein Partner ein Verhältnis oder wird Deine wertvolle Münzsammlung aus dem Safe Deiner Bank gestohlen. Deshalb kann es gerade bei dieser Karte vorkommen, daß sich die nachfolgenden Deutungshinweise des öfteren schon einmal zu widersprechen scheinen. Schau Dir in Deiner Legung die Nachbarkarten sehr genau an, und ergründe dann den Sinngehalt dieser Karte. Wie gesagt: sie ist ein „Trojanisches Pferd"!

Kurze Deutungshinweise mit anderen Karten

3	Ehestandskarte	Jemand dringt in eine feste Beziehung ein
4	Zusammenkunft	Diese Verabredung bedeutet Verluste
5	Guter Herr	Etwas Bedeutendes geht verloren (wird gestohlen); in umgekehrter Reihenfolge wird es wiedergefunden
6	Gute Dame	Jemand warnt vor einem Verlust (materieller oder emotionaler Art)
7	Angenehmer Brief	Eine wichtige Nachricht geht verloren
8	Falsche Person	Man versucht, Dir mit Hinterlist etwas wegzunehmen
9	Veränderung	Jemand versucht, die Zeiten des Umbruchs auszunutzen und sich auf Deine Kosten zu bereichern
10	Reise	Auf einer Reise geht etwas verloren
11	Viel Geld gewinnen	Hier versucht jemand unrechtmäßig, ein Stück von Deinem Glück abzukriegen
12	Reiches Mädchen	Man verliert die Unschuld, d. h. man wird in einer Sache unsanft auf den Boden der Tatsachen zurückgeholt
13	Reicher guter Herr	Es handelt sich um kleine, kräftezehrende Aktionen, die die Produktivität lähmen
14	Eine traurige Nachricht	Die Nachricht bedeutet Verluste oder Schädigungen
15	Guter Ausgang in der Liebe	Die Liebe verschwindet
16	Seine Gedanken	Man macht sich Gedanken, daß etwas gestohlen werden könnte
17	Geschenk bekommen	Ein Geschenk kommt weg
18	Ein kleines Kind	Sei vorsichtig; jemand versucht, Deine Unbedarftheit auszunutzen
19	Ein Todesfall	Etwas geht unwiederbringlich verloren
20	Haus	Diese Situation bedroht einen in den Grundfesten

21	Wohnzimmer	Etwas im/am Heim geht verloren/wird gestohlen
22	Militärperson	Trotz aller Vorsichtsmaßnahmen kommt etwas weg
23	Gericht	Etwas wurde Dir gestohlen/weggenommen; dies versuchst Du wiederzubekommen
25	Zu hohen Ehren kommen	Hier versucht sich jemand mit fremden Federn zu schmücken
26	Großes Glück	Der Verlust bringt einem sogar noch Glück/Gewinn
27	Unverhofftes Geld	Jemand versucht, sich auf Deine Kosten ein Stück vom Glück zu holen/ Jemand schmälert Dein Glück
28	Erwartung	Man befürchtet, daß etwas wegkommt
29	Gefängnis	Man fühlt sich durch den/die Verlust/e eingeengt
30	Gerichtsperson	Der Streit geht vorüber/Der Krach raubt einem die Kraft
31	Kurze Krankheit	Etwas nagt an Deiner Substanz
32	Kummer und Widerwärtigkeiten	Nimm Warnungen (vor drohenden Verlusten) ernst
33	Trübe Gedanken	Es handelt sich um eine kleine Gaunerei, die Dir erst später bewußt wird
34	Arbeit	Bei der Arbeit gibt es Verluste
35	Ein langer Weg	Hier muß eine vorbeugende Entscheidung getroffen werden/Maßnahmen werden bereits jetzt notwendig, sonst kommt etwas weg
36	Die Hoffnung, großes Wasser	Man verliert seine Idole und Ziele

25 Zu hohen Ehren kommen

Schicksal, Wende

Beschreibung der Karte

Ein gut bewaldeter Hügel, der mit seiner Grünfläche den gesamten horizontalen mittleren Teil des Bilds einnimmt und es so quasi in zwei Hälften teilt. Im unteren Teil des Bilds ist ein großes, aber einfaches Holz*haus* zu sehen; im Inneren brennt ein starkes Herdfeuer, wie der austretende Qualm am Kamin zeigt. Im oberen Teil des Bilds erhebt sich ein verspielt-romantisches Schlößchen mit Zinnen, Türmchen und Erkern.

Grundsätzliche Deutung der Karte

Dies ist jetzt ein ganz besonderer Punkt in Deinem Leben, denn hier befindest Du Dich an einem Wendepunkt, der Dir einen kleinen Ausschnitt von dem zeigt, was Du erreichen kannst. Du hältst den Schlüssel für Dein Weiterkommen in der Hand, jetzt liegt es nur noch an Dir, ihn richtig zu benutzen.

Partnerschaft: Geh, wohin Dein Herz Dich ruft, denn diese Stimme in Deinem Inneren kannst und solltest Du nicht überhören. Vielleicht warst Du zu unsicher in der letzten Zeit, und kleinere Zweifel haben Dich geplagt, doch weißt Du tief in Dir ganz genau, was Du möchtest. Es gehört auch etwas Mut dazu, es umzusetzen. Du solltest jetzt nicht zögern, denn die Zeit für Deine Beziehung zu einem Partner, den Du Dir ersehnst, ist sehr günstig. Hadere, nicht sondern werde höchstens für einen kleinen Moment ganz stille, um genau zu hören, was Dein Herz Dir rät. Dann sei beherzt und tue, was es Dir geraten hat.

Konflikte: Vielleicht kommt Dir diese Situation bekannt vor: Jemand lamentiert über das Glück, das *immer* nur die *anderen* haben, doch niemals er selbst. In dem Moment, als aber das Glück bei ihm anklopft, sitzt er verschreckt und überrumpelt da, und bis er es fassen und reagieren kann, ist das Glück schon wieder weitergegangen.

Glück zu haben und seine Chancen zu nutzen verlangt die Bereitschaft sich auf ein Wagnis einzulassen – hop oder top. Das heißt auch, mit offenen Augen durch das Leben zu gehen und seine Möglichkeiten zu nutzen und nicht darauf zu warten, daß andere unser Leben regeln. Um etwas zu erreichen, muß man auch bereit sein, etwas zu wagen, doch an dieser Stelle sträubst Du Dich. Sei nicht unzufrieden mit dem, was das Schicksal Dir zu bieten hat und zeige Dich versöhnlich gegenüber denen, die etwas mehr haben als Du, und großmütig gegenüber denen, die etwas weniger haben.

Hoffnungen und Ängste: Akzeptiere, daß schicksalhafte Begebenheiten in den meisten Menschen zwiespältige Gefühle auslösen, auch bei Dir. Zum einen ist es wunderbar, eine große Chance vor Augen geführt zu bekommen, doch zugleich stellt sich die Befürchtung ein, was wäre, wenn es sich nicht verwirklicht oder man das wieder verliert, was man gerade erst aufgebaut oder erhalten hat und worüber man sich sehr gefreut hat. Es ist fast, als wolltest Du in einer freudlosen Situation verharren, weil Du Dich nicht traust, Deinem Glück zu folgen. Doch

Pessimismus bietet keine Hoffnung, sondern nur das Leben unter der Herrschaft seiner eigenen Ängste. Lasse Dich von dieser Karte optimistisch stimmen, und vertraue darauf, daß Dein Selbst Dich nicht traurig und enttäuscht erleben möchte. Trau' Dich, und traue Dir, dann werden sich auch diese Ängste auflösen.

Beachtenswert bei der Deutung der Karte

Diese Karte macht Dir die Unterschiede deutlich zwischen den beide Zielen, die Du erreichen kannst, wenn Du entweder die richtige oder die falsche Wahl triffst. Das Schicksal hat Dir einen Schlüssel in die Hand gegeben, Deine innere Führung, Dein Selbst, welches Dich anleiten möchte, Deine innersten Wünsche und Ziele zu verwirklichen. Frage Dich, ob Du auf Deine innere Stimme hörst oder ob Du sie eher unterdrückst. Nutze die Kraft Deines Unbewußt-Seins, um Dir selbst treu Deinen Weg zu gehen.

Verzweifle nicht, wenn Du in einer Situation im nachhinein erkennst, daß Du falsch gehandelt hast. Gehe davon aus, daß Du in Deinem Leben eine Chance erhältst, um das bestehende Ergebnis zu korrigieren. Lerne aus der aktuellen Situation.

Kurze Deutungshinweise mit anderen Karten

3	Ehestandskarte	Eine Verbindung, die Dich vom Status her wesentlich weiterbringt
4	Zusammenkunft	Dieses Treffen kann der Karriere förderlich sein
5	Guter Herr	Eine Beförderung oder ein Aufstieg im Beruf ist derzeit nicht in Sicht; in umgekehrter Reihenfolge: Die Situation bessert sich für ein berufliches Weiterkommen
6	Gute Dame	Diese Person hat eine entscheidende Rolle in der momentanen Situation
7	Angenehmer Brief	Man erhält eine Nachricht, die einen ein gutes Stück weiterbringt
8	Falsche Person	Jemand hindert Dein (berufliches) Weiterkommen
9	Veränderung	Die Veränderung schafft die Voraussetzungen, die gesetzten Ziele zu erreichen
10	Reise	Durch eine Reise ergeben sich neue Perspektiven und Chancen
11	Viel Geld gewinnen	Man gerät in eine Schlüsselposition; hier geht es darum, etwas aus dieser Situation zu machen
12	Reiches Mädchen	Man bringt es zu etwas, ohne sich über die Durchführung Gedanken zu machen
13	Reicher guter Herr	Die Karriereleiter und der soziale Aufstieg weisen im Moment kaum Hürden auf
14	Eine traurige Nachricht	Die Nachricht birgt den Schlüssel zum Erfolg
15	Guter Ausgang in der Liebe	Eine Beziehung, durch die man sich (sozialen) Aufstieg erhofft

16	Seine Gedanken	Man grübelt darüber nach, ob man es schaffen kann (oder will), eine bestimmte Position zu erreichen
17	Geschenk bekommen	Mit dem Geschenk ist bezüglich des Images oder des Prestiges einiges verbunden
18	Ein kleines Kind	Es geht darum, nichts zu forcieren, sondern der Situation ihren Lauf zu lassen, dann wird sich alles wie von selbst erledigen
19	Ein Todesfall	Man schließt ein Projekt ab. Je nach Lage der Karte werden hohe Ehren erreicht oder man findet sich damit ab, daß sich der Wunsch danach nicht erfüllt
20	Haus	Man schafft es, seinen Status und sein Selbstwertgefühl verfestigen
21	Wohnzimmer	Der Schlüssel zum eigenen Heim
22	Militärperson	Mit Disziplin und Regelmäßigkeit versucht man, die Erfolgsleiter zu erklimmen
23	Gericht	Mit der Entscheidung und ihren Folgen sind Ansehen und sozialer Rang verbunden
24	Diebstahl	Hier versucht sich jemand mit fremden Federn zu schmücken
26	Großes Glück	Der (soziale) Aufstieg ergibt sich im Moment wie von selbst
27	Unverhofftes Geld	Der Schlüssel zum Erfolg liegt in Deinen eigenen Händen
28	Erwartung	Man hat für sich und sein Leben noch sehr große Ziele
29	Gefängnis	Man fühlt sich durch den angestammten Stand und Status eingeengt

30	Gerichtsperson	Man hat alle Möglichkeiten zur Konfliktlösung, der Ausgang des Geschehens hängt von einem selbst ab
31	Kurze Krankheit	Etwas, das fehlt, wird als notwendig erachtet, um sich gesund zu fühlen (Beförderung, Anerkennung, Zuwendung, Urlaub etc. ...)
32	Kummer und Widerwärtigkeiten	Man warnt vor zu hohen Ansprüchen; das eigene Prestigedenken bereitet Kummer
33	Trübe Gedanken	Es liegt an einem selbst, welche Wendung das weitere Geschehen nehmen wird; es ist also eine Frage von Aktivität oder Passivität
34	Arbeit	Man ist ehrgeizig bemüht, aus seinem Leben etwas zu machen
35	Ein langer Weg	Mit der Karriere wird es noch eine ganze Zeit dauern; die Voraussetzungen dafür bringst Du aber mit
36	Die Hoffnung, großes Wasser	Man hat sich für sein Leben hohe Ziele gesteckt

26 Grosses Glück

Glück, Licht, Zuversicht, Fülle

Beschreibung der Karte

Aus dem unteren Teil der Karte türmen sich bis hoch an die Seiten dunkle *Wolkenberge* auf, das obere Drittel des sichtbaren Himmels ist jedoch Wolkenfrei und strahlend blau. Inmitten der Karte ist die Glücksgöttin *Fortuna* sichtbar, die aus ihrem *Füllhorn* schöne, nützliche und wertvolle Dinge durch die Wolkendecke auf die darunterliegende (nicht sichtbare) Welt ausgießt.

Grundsätzliche Deutung der Karte

Wie ein warmer Sonnenstrahl nach kalten Wintertagen die erste Botschaft des herannahenden Frühlings in sich trägt, so bringt diese Karte das Licht, die Wärme und die Zuversicht, die für Dich vielleicht lange Zeit unter der dunklen, kalten Decke einer vermeintlichen Hoffnungslosigkeit verborgen geblieben waren. Wolken bedeckten den Himmel, so daß Du in dieser Zeit mehr Schatten als Licht wahrgenommen hast, doch jetzt ist die Zeit gekommen, in der die Wolken aufreißen und Fortuna die Gaben aus ihrem Füllhorn über Dich ergießt.

Partnerschaft: In den folgenden Tagen kannst Du die wohlwollenden Gefühle Deiner Mitmenschen verspüren und genießen, ihre positiven Emotionen in Dir aufnehmen und sie wieder reflektieren. Erlaube Dir, die guten Gefühle Deines Partners anzunehmen, und verhalte Dich großzügig. Du wirst feststellen, daß eine Welle von positiven Empfindungen zwischen Dir und Deinen Mitmenschen hin und her geht, ohne daß sich ein Fünkchen dieser Energie verliert. Erspüre dieses schöne Gefühl sehr genau, und versuche, es in Dir zu bewahren – auch für die Zeiten, in denen das Licht nicht so stark vertreten ist wie in diesem Moment.

Konflikte: Wo Licht ist, gibt es auch Schatten, und dort, wo Fortuna ihre Gaben in großem Maße verteilt, erscheinen auch fast zeitgleich neidische und mißgünstige Mitmenschen, die Dir Deinen Anteil an Licht und Glück nicht gönnen. Ja, sie versuchen sogar, ihn Dir schlecht zu reden oder obendrein noch abzunehmen. Laß Dich von diesen negativen Gedanken und Zielen nicht anstecken, und bleibe zuversichtlich auf Deinem gewählten Weg, denn noch hält Deine Glückssträhne an. Betrachte aber das Verhalten Deiner Neider, und frage Dich auch, ob und wann Du Dich vielleicht schon einmal selbst so verhalten und anderen nicht gegönnt hast, was sie vielleicht weniger durch ihre Arbeit, als mehr durch Glück erreicht haben. Versuche aus dieser Situation zu lernen, und genieße das, was Dir zugefallen ist, aber lasse auch den anderen ihren Anteil am Glück, und freue Dich mit ihnen.

Hoffnungen und Ängste: Die Hoffnung auf das große Los treibt viele Menschen dazu an, ihrem vermeintlichen Glück hinterherzurennen, ohne sich tatsächlich darüber im klaren zu sein, was für sie wirkliches Glück bedeutet und was ihnen in ihrem Innersten das Wichtigste ist. So träumt man von einer weiten Reise an ferne, unbekannte Strände, doch ist diese Vorstellung häufig nur Projektion eines vermeintlich auf diese Weise zu findenden

Glücks, solange, bis man sich seinen Wunsch tatsächlich erfüllen kann. Im gleichen Moment schleichen sich oft Zweifel und Ängste ein – was ist, wenn der Strand nicht so weiß und weich ist, wie man ihn sich erträumt hat, was ist, wenn es ständig regnet, was ist, wenn ...?

Unsere Vorstellungen vom Glück und die Erfüllung eines Wunschs sind häufig zwei verschiedene Dinge, die sich nicht miteinander vereinbaren lassen. Ein lange erwartete Verabredung wird zur zweitgrößten persönlichen Katastrophe des Jahrhunderts, der Supersportwagen, für den man sein halbes Leben gespart hat, befindet sich mehr in der Werkstatt als auf der Straße usw. Dies sind die Ängste, die uns davor zurückhalten, daß wir einen Traum wirklich wahr werden lassen.

Überdenke Deine Wünsche und Hoffnungen, frage Dich, ob Du sie verwirklicht haben möchtest oder ob es für Dich einfach nur schöner ist, von ihnen zu träumen. Überlege, welche Werte Dir in Deinem Leben tatsächlich wichtig sind und mit was Du überhäuft werden möchtest.

Beachtenswert bei der Deutung der Karte

Nicht immer meint diese Karte einen materiellen Überfluß, der Dir zuteil wird. Es kann sich genauso gut um eine Zeit voller Freude und Freunde handeln. Du bist unterwegs, hast gute Laune, und alles läuft, wie von selbst. Genieße diese Zeit, und ängstige Dich nicht damit, daran zu denken, daß diese Phase einmal vorbeigehen wird. Bewahre so viele positive Gefühle in Dir, wie es möglich ist, damit Du in späteren Zeiten immer noch mit Freude an diese vielen beglückenden Geschehnisse zurückdenkst.

Kurze Deutungshinweise mit anderen Karten

3	Ehestandskarte	Diese Verbindung wird als das große Glück angesehen
4	Zusammenkunft	Die Verabredung führt zu einer guten/ erfolgreichen Lösung
5	Guter Herr	Gewitterwolken ziehen auf; in umgekehrter Reihenfolge: Die Sorgen werden vertrieben
6	Gute Dame	Eine schöne Zeit in partnerschaftlichen Verhältnissen
7	Angenehmer Brief	Ein Brief/Dokument verheißt glückliche und sorgenfreie Zeiten
8	Falsche Person	Diese Person kann Dir nicht schaden
9	Veränderung	Die Situation wendet sich zum besten
10	Reise	Aus einer Reise neue Kräfte schöpfen
11	Viel Geld gewinnen	Besser kann es kaum laufen!
12	Reiches Mädchen	Man hat trotz aller Naivität zumeist Glück
13	Reicher guter Herr	Im Augenblick kann man ohne große Anstrengungen Gewinne ernten
14	Eine traurige Nachricht	Gute, glückbringende Nachrichten
15	Guter Ausgang in der Liebe	Die Beziehung ist das große Glück
16	Seine Gedanken	Man mißtraut dem momentanen Glück
17	Geschenk bekommen	Hier schüttet Fortuna mit beiden Händen ihre Gaben aus
18	Ein kleines Kind	Ein neues Projekt (Beziehung, Arbeitsstelle, Hobby etc.) läßt sich gut an
19	Ein Todesfall	Die Beendigung einer Sache/Situation verspricht das große Glück (auch wenn man es in der derzeitigen Situation nicht erkennen kann)
20	Haus	Die aktuelle Situation verleiht Stabilität und Selbstsicherheit
21	Wohnzimmer	Großes Glück und idyllisches (Familien-)Leben im eigenen Heim

22	Militärperson	Man hütet das eigene persönliche Glück
23	Gericht	Es wendet sich alles zum Guten; oder: Eine Glückssträhne endet hier (Lage der Karte!)
24	Diebstahl	Der Verlust bringt einem sogar noch Glück/Gewinn
25	Zu hohen Ehren kommen	Der (soziale) Aufstieg ergibt sich im Moment wie von selbst
27	Unverhofftes Geld	Der Segen wird reichlich sein, großes Glück!
28	Erwartung	Man wartet auf das große Glück
29	Gefängnis	Obwohl man viel erhält und alles bekommt, fühlt man sich unglücklich und eingesperrt
30	Gerichtsperson	Die Sache geht gut aus, man hat guten Beistand
31	Kurze Krankheit	Ein gesunder Geist in einem gesunden Körper
32	Kummer und Widerwärtigkeiten	Der Silberstreif am Horizont; die Schwierigkeiten lösen sich auf
33	Trübe Gedanken	Die Situation verbessert sich erheblich, aber ... immer noch vorsichtig sein!
34	Arbeit	Die Mühen werden sich lohnen
35	Ein langer Weg	Auch wenn es im Moment noch nicht den Anschein hat, wird sich die Situation grundlegend zum Guten wenden
36	Die Hoffnung, großes Wasser	Man hat bei der Verwirklichung der eigenen Wünsche und Ziele stets eine glückliche Hand

27 Unverhofftes Geld

Segen, Wohltaten, Geld, Wachstum

Beschreibung der Karte

Im Mittelpunkt der Karte steht ein Mann vor einem Bücherregal. Vor ihm auf dem Tisch liegt Geld. Der Mann schaut das Geld jedoch nicht an, „er rechnet nicht damit“! Unter den Tisch ist ein Zettel gerutscht, den der Mann aber ebenfalls nicht beachtet. Dieser Zettel trägt zu seinen Gunsten eine Gutschrift über einen nicht näher bezifferten Betrag.

Grundsätzliche Deutung der Karte

Alles in Dir drängt im Moment nach außen, denn dort versuchst Du mit materiellen Werten Deine inneren Werte sichtbar zu machen, um sie selbst fassen zu können. Dabei ist es noch nicht einmal der fiskalische Zugewinn, den Du hier erstrebst, sondern die Weitung Deines Selbst. Doch Geld und Wertgegenstände sind nicht der einzige Gewinn, den Du erstreben kannst, denn die Liebe eines Menschen, Gesundheit und seelisches und geistiges Wachstum sind hohe Werte, die sich nicht in Währungseinheiten bemessen lassen. Auch die erhoffte (aber nicht genau terminierbare) Beförderung in Deinem Beruf oder ähnliche, nicht nach Mark und Pfennig (oder Euro) bezifferbare Werte, rücken für Dich jetzt ein gutes Stück näher.

Partnerschaft: Eine Partnerschaft ist für Dich der „unverhoffte Gewinn“, etwas, das für Dein Leben eine ungeheure Bereicherung darstellt. Du erfährst jetzt die Fülle Deiner Emotionen. Erlaube Dir auch, diese zu genießen. Alles, was Du im Moment in dieser Beziehung erhältst, ist ein zusätzliches „Bonbon“, dessen Wiederholung Du nicht als ständigen Faktor in Deine Rechnung mit einbeziehen solltest. Vielleicht wehrst Du Dich ein wenig gegen diese kalkulatorische Betrachtungsweise, dann analysiere, wie Du für Dich diese materiellen Begriffe in Deine Empfindungswelt umsetzen und definieren kannst.

Selbsterkenntnis und Hintergründe: Plötzlich war es da, und Du konntest einen kleinen Schimmer von Deiner inneren Zuversicht und Stärke entdecken, und es scheint fast als hättest Du mit Verwunderung gesagt: „Ich wußte gar nicht, daß ich das kann!“ Manche Situationen in unserem Leben zwingen uns beinahe in etwas hinein, damit wir lernen, uns selbst und unser Wesen zu akzeptieren. Oft sträubt sich unser klarer Verstand dagegen, das zu tun, was uns in diesem Moment aus dem Herzen heraus als ratsam erscheint, und so verdrängen wir unsere innere Führung erneut und geben unserem Verstand den Vorrang. Manchmal solltest Du einfach darauf achten, was Dein Gefühl Dir rät, denn es ist ein wunderschönes Gefühl, wenn Du bei der Lösung einer Aufgabe im Fluß bist. Das heißt, daß Dir Dein Tun und Gestalten so leicht von der Hand geht, daß Du es kaum unterbrechen möchtest, ja daß Du Deine Richtigkeit noch nicht einmal wahrnimmst – geschweige denn, sie durch die Bewußtmachung und Erfassung sogar zerstörst. Wenn Du den Zustand des Fließens erreicht hast, wird Dir vieles von dem gelingen, was Du vorher für unmöglich gehalten hast. Versuche Dich zu erinnern, wann Du das letzte Mal das Gefühl des Fließens verspürt hast, und erspüre diese bereichernde Emotion noch einmal. Trainiere Dich in der nächsten Zeit bewußt dahin, bei Deinem Tun in einen entsprechend förderlichen Zustand zu kommen. Obwohl Du es nicht erzwingen oder bewußt beeinflussen kannst, solltest Du im Nachhinein entschlüsseln, bei welchen Gelegenheiten Du den Einstieg leichter findest und wann es Dir relativ schwer fällt – schaffe die Voraussetzungen für Dich.

Konflikte: Es gibt Menschen, für die ist das Thema Finanzen indiskutabel. „Entweder man hat Geld, oder man hat es nicht!" – soweit ihre Philosophie. Doch finanzielle Unachtsamkeiten und Leichtlebigkeit kann häufig zu Unstimmigkeiten führen, nämlich dann, wenn wir unsere Finanzen nicht in den Griff bekommen und vermeinen, aufgrund Status- und Imagegründen einem regelrechten Konsumzwang unterliegen zu müssen. Das andere Extrem liegt im Bereich des Geizes, in dem man sich und seine (abhängigen) Mitmenschen mit so geringen Finanzmitteln ausstattet, daß jeden Monat große Rechenaktionen notwendig werden, um hier mit dem zugewiesenen Haushaltsgeld auszukommen. Geld ist leider in der heutigen Zeit eines der häufigsten Streitgründe, und es verfügt über eine enorme Macht. Finanzielle Auseinandersetzungen treiben Freundschaften auseinander und schaffen Brüche zwischen Familienangehörigen. Doch erhält das Geld nur den Stellenwert, den wir ihm selbst einräumen. Überprüfe deshalb Deine Einstellung zu Geld und finanziellen Angelegenheiten.

Hoffnungen und Ängste: Der Hauptgewinn in einer Lotterie, eine Aktienspekulation – alle Hoffnungen konzentrieren sich auf diese Lichtblicke, die Sehnsucht nach dem großen Fisch, den man angeln möchte. Doch was wäre, wenn sich die Hoffnung tatsächlich erfüllte, aber der begehrte, erhoffte Gewinn viel geringer ist, als man vermutet hätte? Doch selbst, wenn man mehr erhält, als man erwartet hat, bedarf dies einer enormen Umstellung.

Auch auf der spirituell-geistigen Ebene macht uns ein unverhofftes Wachstum bisweilen Angst. Besondere Erlebnisse, die uns eine neue Perspektive und weitergehende Einblicke in die Zusammenhänge des Lebens gewähren, erzeugen Furcht vor der eigenen Größe oder dem eigenen Wesen. Die Leichtigkeit, die man im Zustand des Fließens erreicht, verunsichert viele bei den ersten Malen so sehr, daß sie erschrocken wieder in ihr klares Bewußtsein zurückkehren und nur mit ihrem Verstand danach nicht mehr in der Lage sind, die begonnene Aufgabe befriedigend zu Ende zu bringen. Lerne, Deine „Reichtümer" zu erkennen und zu genießen. Laß Dich auch vom Leben beschenken, ohne argwöhnisch und mißtrauisch zu sein.

Beachtenswert bei der Deutung der Karte

Wachstum, Zugewinn – Mißgunst und Neid. Wo viel Licht ist, gibt es auch viel Schatten! Für Dich sind mehrere Punkte zu beachten, wenn Du diese Karte deutest, denn zum einen geht es darum zu klären, ob es sich hier inhaltlich mehr um eine auf materielle Dinge bezogene Frage handelt oder ob es um Werte im weitesten Sinne geht. Wenn aus der Kartenlage nicht eindeutig hervorgeht, welchem Aspekt Du hier den Vorrang geben kannst, dann ziehe noch eine oder mehrere Karten zur Verdeutlichung. Wenn Du möchtest, kannst Du auch ein komplettes Legesystem dazu verwenden, um etwas mehr über den Hintergrund und den Inhalt der Karte zu erfahren.

Zum anderen solltest Du beachten, daß diese Karte einen Zuwachs bedeutet, den man zwar der Sache nach kennen kann, wobei nur das Eintreten des maßgeblichen Zeitpunktes noch ein unbestimmter zukünftiger Faktor ist. Das heißt, Du weißt, *daß* etwas kommt, Du weißt, nur nicht, *wann*.

Kurze Deutungshinweise mit anderen Karten

3	Ehestandskarte	Die Legalisierung einer (nicht nur privaten) Partnerschaft führt zu einer guten Verbindung
4	Zusammenkunft	Die Partnerschaft/Das Treffen ist der Gewinn/das Glück
5	Guter Herr	Dunkle Wolken ziehen ab, es brechen bessere Zeiten an
6	Gute Dame	Du solltest dich mit einer vertrauten Person beraten/Gute Ratschläge, aber auch objektive Warnung durch einen nicht von dieser Sache betroffenen Dritten
7	Angenehmer Brief	Ein Brief bringt das Glück (und eventuell einen erfolgreichen Vertrag)
8	Falsche Person	Eine eifersüchtige Person verunsichert Dich/macht Dir Kummer
9	Veränderung	Eine Situation, die Dein Leben in positiver Hinsicht verändern wird
10	Reise	Eine kleine Geldsumme verhilft zu einer Reise/Mehr Abstand zur alltäglichen Situation
11	Viel Geld gewinnen	Ein glückliches Zusammentreffen vieler positiver Geschehnisse
12	Reiches Mädchen	Ohne Berechnung und auf ehrliche, aufrichtige Art und Weise kommt man weiter
13	Reicher guter Herr	Das Unterbewußtsein kommt Dir zur Hilfe
14	Eine traurige Nachricht	Hilfe in einer prekären Situation
15	Guter Ausgang in der Liebe	Die Liebe zu einer (bestimmten) Person wird als das höchste Glück/der höchste Gewinn angesehen
16	Seine Gedanken	Die Hintergründe bleiben im Verborgenen

17	Geschenk bekommen	Ein überraschendes Geschenk, eine Aufmerksamkeit
18	Ein kleines Kind	Das Glück unbeschwert genießen
19	Ein Todesfall	Eine Glücksphase nähert sich dem Ende/ein Vertrag kommt nicht zustande
20	Haus	Der Traum vom eigenen Haus/Heim wird wahr
21	Wohnzimmer	Zu Hause glücklich sein/Ein kleiner Beitrag, um das Heim zu verschönern
22	Militärperson	Jemand wacht über Dein Glück/ beschützt Dich
23	Gericht	Eine Entscheidung zu Deinen Gunsten/ guter Ausgang eines Rechtsstreits
24	Diebstahl	Jemand versucht, sich auf Deine Kosten ein Stück vom Glück zu holen/ Jemand schmälert Dein Glück
25	Zu hohen Ehren kommen	Der Schlüssel zum Erfolg liegt in Deinen eigenen Händen
26	Großes Glück	Der Segen wird reichlich sein, großes Glück!
28	Erwartung	Man wartet auf eine bestimmte Situation oder auf Geld
29	Gefängnis	Den Erfolg/Das Geld erhält man auf ungerechtfertigte Weise
30	Gerichtsperson	Du erhältst Geld/Gerechtigkeit zugesprochen/Der Erwerb erfolgt rechtmäßig
31	Kurze Krankheit	Mit der Gesundheit ist alles bestens
32	Kummer und Widerwärtigkeiten	Die kleinen Widrigkeiten des Alltags verschwinden; aber auch: Bewußtsein ist erforderlich dafür, daß eine Glückssträhne endlich sein kann
33	Trübe Gedanken	Jemand mißgönnt Dir das Glück/den Erfolg

34	Arbeit	Man muß noch einiges dafür tun, bevor einem das Glück/der Gewinn zufällt („Ohne Fleiß kein Preis“)
35	Ein langer Weg	Es ist eine Entscheidung fällig, die entweder zum Glück hinführt oder davon weg (Kartenlage!)
36	Die Hoffnung, großes Wasser	Der weitere Werdegang bleibt einstweilen im Verborgenen

28 Erwartung

Einstellung, Erwartungshaltung

Beschreibung der Karte

Eine junge Frau steht an eine Balustrade gelehnt und schaut verträumt durch eine Wandöffnung hinaus. Der Blick ist nach rechts unten auf den nicht sichtbaren Teil eines *Weg*s gerichtet, der sich für den Betrachter weiter zu einer *Kirche* hinzieht. Im rechten oberen Teil des Bildes ranken *Blumen* in die Zimmeröffnung hinein. Die junge Frau stützt ihren linken Ellbogen auf die Balustrade, die rechte Hand mit dem *Fächer* ruht locker auf der Brüstung.

Grundsätzliche Deutung der Karte

Du bist auf einiges gefaßt, denn intuitiv erspürst Du, daß in der nächsten Zeit große Dinge und Veränderungen anstehen. Obwohl Du Deinem Gefühl nach bereits weißt, aus welcher Richtung das Erwartete kommt, bist Du vollkommen im unklaren darüber, ob es schließlich überhaupt und wenn, wann es eintrifft. Dies kann dazu führen, daß Du lange Zeit hoffnungsvoll auf das Eintreten dieses Ereignisses wartest und damit rechnest, daß es doch jetzt jeden Moment passieren muß – doch nichts tut sich. Es ist sehr wahrscheinlich, daß Deine Erwartungen erst dann erfüllt werden, wenn Du kaum noch an sie denkst und sie inhaltlich für Dich und Dein Leben bereits als unrealisierbar aus Deiner täglichen Lebensplanung gestrichen hast. Denn in diesem Moment läßt Dein Bewußtsein seinen Plan fallen, und Deine innere Führung, Dein Selbst, kann jetzt in Aktion treten und versuchen zu retten, was zu retten ist. Diese Karte ist eine Prüfung an Deine Geduld und an Dein Verständnis, aber auch eine Kontrolle für Dich selbst und eine Aufforderung, Deine Wünsche und Ziele etwas zu hinterfragen und zu überlegen, ob Deine Erwartungen angemessen sind oder ob Du nach etwas Ausschau hältst, was tatsächlich gar nicht zu erfüllen ist.

Partnerschaft: Du hegst derzeit eine große Sehnsucht nach (D)einem Partner, denn Du bist erfüllt von so vielen positiven Gefühlen und gespannter Erwartung, daß Du alles, was Dich beschäftigt, mit jemandem teilen möchtest. Doch achte darauf, daß Deine Sehnsüchte Dich nicht selbst so stark unter Druck setzten, daß Du meinst, Du müßtest jetzt die Situation beschleunigen und alles tun, um das Erhoffte schneller zu erreichen. Übe Dich in Geduld und auch in dem Bewußtsein, daß es vielleicht noch eine ganze Weile dauern kann, bis sich Dein Verlangen erfüllen läßt. Wenn es schließlich eintrifft, reiße nicht alles wie in einem Sturzbach mit, der mit unbändiger Kraft darauf wartete, seine Energien verströmen zu können. Transformiere Deine Energien, und lenke sie in einen anderen Bereich, um sie während der Zeit Deines Wartens sinnvoll zu nutzen, doch verliere Dein Ziel nicht aus den Augen.

Selbsterkenntnis und Hintergründe: Abwarten und sich gedulden, dies sind Dinge, die tagtäglich von uns gefordert sind, und sei es beim Einkauf im Supermarkt. Dort erfahren wir im kleinen, daß wir noch nicht an der Reihe sind, daß andere noch vor uns ihre Wünsche äußern oder befriedigen dürfen. Nun kannst Du Dich artig in die Warteschlange einreihen, in dem Bewußtsein, daß Du irgendwann vorne ankommst und für Dich noch ausreichend da sein wird – es kann aber auch sein, daß Du dort stehst und bangst, daß Du nicht mehr bekommst, was Du möchtest. Das ist dann vielleicht der Punkt, an dem Du versuchst, Dich unbemerkt an den anderen vorbeizumogeln, um die begehrten Sachen doch noch zu erhalten.

Überlege, in welchen Situationen es Dir besonders schwer fällt zu warten, und wo Du Dir Dein Recht nimmst, auch auf die Gefahr hin, andere zu übervorteilen. Versuche zu akzeptieren, daß man nicht alles in seinem Leben bestimmen und beschleunigen kann, und übe Dich in Geduld. Auch wenn Du in Deiner jetzigen Situation nicht verstehen kannst, warum Du etwas nicht erhältst oder Dir etwas verwehrt wird, hat dies auf lange Sicht einen tieferen Sinn. Vertraue darauf, daß Dir dieser Zusammenhang offenbart wird.

Konflikte: Deine Ungeduld und Deine Erwartungshaltung gegenüber anderen bringen Dich bisweilen in Konflikte mit denen, an die Du Deine Ansprüche richtest oder die Du vielleicht übervorteilst. Überlege, ob Du vielleicht zuviel verlangst oder ob Deine Anforderungen etwas zu hochgesteckt sind. Sei etwas großzügiger und toleranter Deinen Mitmenschen gegenüber, die sich darum bemühen, Deine Erwartungen zu erfüllen, und die ein Recht darauf haben, daß auch ihre Wünsche Gehör finden.

Hoffnungen und Ängste: Du befindest Dich in der freudigen Erwartung eines Ereignisses, welches Deine bisherige Situation positiv verändert. So stehst Du derzeit emotional zwischen Hoffen und Bangen. Mit dieser Karte sind die Erlösungsvorstellungen verbunden, die auch in den alten Mythen immer wieder beschrieben werden, die Hoffnung auf einen Heros, der uns durch sein Selbstopfer aus einer schwierigen, aussichtslosen Lage befreit oder Kunde bringt, wie unser Leben zu retten ist. Du verkrampfst Dich in Deiner Erwartungshaltung aus Angst, das Ziel nicht zu erreichen, doch dadurch hemmst Du Deine eigenen Kräfte und Deine innere Führung. Laß Dich selbst los, trenne Dich von Deinen Ansprüchen, und gewinne wieder Zuversicht in Dein Selbst!

Beachtenswert bei der Deutung der Karte

Den Einflußbereich dieser Karte zu durchlaufen, ist beinahe wie der erneute Geburtsvorgang, bei dem sich ein kleiner, schwacher Körper durch einen engen, schmalen Kanal drängen muß, um aus der Enge des mütterlichen Bauchs herauszugelangen. Du befindest Dich in einem Schneckenhaus, das Dir mittlerweile viel zu klein geworden ist. Jetzt erwartest Du Deine Geburt, die Dich hinaus in die Freiheit bringt, mit großer Spannung. Doch bevor Du dieses Ziel erreichst, liegt erst noch der Weg durch den engen, dunklen Tunnel vor Dir, der Dich ängstigt und an Deinem Vorhaben zweifeln läßt. Fast entmutigt möchtest Du aufgeben, doch Du rebellierst gegen Dich selbst und willst die Tatsachen nicht anerkennen. So drängst Du mit Gewalt nach außen, ohne auf den natürlichen Rhythmus zu achten, der Dir vieles erleichtern würde.

Stelle für Dich fest, wo Deine Ängste liegen, denen Du Dich bisher noch nicht gewidmet hast, und setze Dich mit ihnen auseinander. Dann laß Dich zurückfallen, und lerne Deinen eigenen und den Rhythmus der Natur und der Menschen um Dich herum neu wahrzunehmen. Überlasse Deinem inneren Wesen die Führung, und bringe Dich nicht selbst unnötig in weiteren Druck.

Um festzustellen, auf welchen Bereich sich Deine Erwartungen konzentrieren, solltest Du die Nachbarkarten genau beachten. Wenn Dir die Karten im Moment keine Klarheit geben, dann versuche keine Auflösung zu erzwingen, sondern lege das Kartenspiel für einige Tage auf die Seite, und wenn Dein emotionaler Abstand zur der Frage etwas größer geworden ist, mache Dich erneut auf den Weg, das Rätsel zu ergründen.

Kurze Deutungshinweise mit anderen Karten

3	Ehestandskarte	Man hofft auf eine Heirat (oder eine enge geschäftliche Verbindung)
4	Zusammenkunft	Man erwartet ein Rendezvous oder ein geschäftliches Treffen
5	Guter Herr	Die Probleme wirst Du unbeschadet überstehen
6	Gute Dame	Eine enge Vertraute oder jemand, der im persönlichen Bereich eine entscheidende Rolle spielt
7	Angenehmer Brief	Man erwartet (schriftliche) Nachrichten
8	Falsche Person	Deine Integrität steht auf dem Spiel
9	Veränderung	Mit dieser Veränderung verbindet man große Erwartungen
10	Reise	Eine Reise hat Auswirkungen auf den weiteren Lebensweg
11	Viel Geld gewinnen	Überprüfen, ob man die Erwartungen nicht zu hoch ansetzt
12	Reiches Mädchen	Man gibt sich unüberlegten, naiven Hoffnungen und Erwartungen hin
13	Reicher guter Herr	Abwarten verhilft in dieser Situation zum größeren Gewinn
14	Eine traurige Nachricht	Man erwartet eine schlechte Nachricht
15	Guter Ausgang in der Liebe	Man hält nach der großen Liebe Ausschau
16	Seine Gedanken	Man ist unsicher, was die eigenen Erwartungen betrifft; man steht nicht vollkommen hinter dieser Sache
17	Geschenk bekommen	Man erwartet ein Geschenk
18	Ein kleines Kind	Man hegt unvoreingenommene und uneigennützige Erwartungen
19	Ein Todesfall	Man erwartet die Beendigung einer Sache oder Situation
20	Haus	Man erhofft sich einen Ankerpunkt, also einen Ort, an den man gehört

21	Wohnzimmer	Das Heim bildet einen persönlichen Schutzraum (My home is my castle)
22	Militärperson	Obwohl man etwas mit Spannung erwartet, verhält man sich sehr selbstdiszipliniert
23	Gericht	Man erwartet dringend die Entscheidung in einer Sache
24	Diebstahl	Man befürchtet, daß etwas wegkommt
25	Zu hohen Ehren kommen	Man hat für sich und sein Leben noch sehr große Ziele
26	Großes Glück	Man wartet auf das große Glück
27	Unverhofftes Geld	Man wartet auf eine bestimmte Situation oder auf Geld
29	Gefängnis	Die Erwartung lenkt einen von anderen (wesentlichen) Dingen ab; sie hemmt
30	Gerichtsperson	Man erwartet unruhige Zeiten
31	Kurze Krankheit	Eine starke Gesundheit und Konstitution
32	Kummer und Widerwärtigkeiten	Überlegen, ob man seine Erwartungen zu hoch ansetzt
33	Trübe Gedanken	Der Rückzug in die eigenen vier Wände hilft, Abstand zu gewinnen und Bosheiten zu entgehen
34	Arbeit	Man weiß, daß in der nächsten Zeit noch einiges an Arbeit auf einen zukommen wird
35	Ein langer Weg	Man ist sich darüber im klaren, daß die Lösung des Problems noch eine ganze Weile dauern wird
36	Die Hoffnung, großes Wasser	Die ureigenen Wünsche und Hoffnungen möchte man bald verwirklicht sehen

29 Gefängnis

Isolation, (un-/freiwillige) Abgeschiedenheit, Irrtum

Beschreibung der Karte

Fast das gesamte Bild wird von einem wuchtigen Gebäude beherrscht, das sich kantig und abweisend hinter einer hohen *Mauer* erhebt. Die zahlreichen *Fenster* sind allesamt vergittert, und nach außen hin zeigen sich keinerlei Lebenszeichen. Vor der Mauer patrouilliert eine bewaffnete Wache und paßt auf, daß niemand aus dem Gebäude heraus oder in es hinein gelangen kann.

Grundsätzliche Deutung der Karte

Jetzt ist für Dich eine Zeit angebrochen, um in Deiner aktuellen Situation einmal zur Besinnung zu kommen. Das Kreuz, welches Du im Moment tragen mußt, hast Du Dir selbst aufgebürdet. Entgegen Deiner inneren Führung hat Dein Ego in der letzten Zeit die Regie über Dein Tun übernommen und Dich damit in eine Einbahnstraße geführt, in der Du weder die Befriedigung Deiner vermeintlichen Wünsche findest noch einen Ausweg erkennen kannst, weil die zwanghafte Durchführung Deines Willens Dich immer weiter in die Isolation von Dir selbst und Deinen Mitmenschen führt. Du mußt nun unweigerlich bis zum Ende der Straße weiterfahren, denn diesen Weg hast Du eingeschlagen, und Du kannst ihn nicht rückgängig machen, ohne dabei gegen die Regeln des

Lebens zu verstoßen. Erkenne, daß Du die Konsequenz für Deine Entscheidung tragen mußt und bringe diese Situation zu Ende.

Partnerschaft: Du empfindest Deine jetzige Beziehung als starr und kalt, was damit zusammenhängen kann, daß Du entweder vergebens versuchst, einen Partner zu finden, der zu Dir paßt, oder Du derzeit das Gefühl hast, mit einem Partner zusammenzuleben, mit dem Du nicht harmonierst. Aber auch gegenüber Deinen Mitmenschen kannst Du jetzt das Gefühl des Ausgeschlossenseins empfinden. Eine starre Haltung macht uns selbst unflexibel und unfrei. Es bringt Dich in Deiner Situation nicht weiter, wenn Du gegen diese Isolation rebellierst, nimm sie an, und nutze die Zeit, um zu erkennen, daß es nicht den Weltuntergang bedeutet, wenn Du Deine eigenen Meinungen und Ansichten hinterfragst und sie bisweilen auch änderst, wenn Du merkst, daß sie nicht richtig waren. Laß locker, und verharre nicht bei Zielen und Argumenten, die Dir keine Erleichterung bringen, sondern Dich selbst unter Druck setzen. Frage Dich, wo Deine eigene Schuld an dieser Situation liegt, und sei ein gnädiger Richter Dir selbst, wenn Du den Fehler erkennst.

Konflikte: Du kämpfst im Moment einen Kampf, der nicht Deiner ist, und dazu tust Du dies auch noch an allen Fronten, die es geben kann. Wo die Ursache für diese Auseinandersetzungen liegt, vermagst Du wahrscheinlich schon gar nicht mehr zu sagen, denn die Reibereien scheinen seit Anbeginn der Zeit für Dich zu existieren. Es erinnert ein wenig an Kämpfe und Kriege, die für eine gute Sache geführt wurden (und leider noch werden), dabei jedoch das ursprüngliche Ziel und die Angemessenheit der Mittel vollkommen außer Acht lassen. Schließlich bleibt nur noch der Fanatismus und Radikalismus, um die eigenen

Argumente durchzusetzen und das Gesicht zu wahren. Es fällt uns gewöhnlich nicht leicht, solche Tendenzen an uns zu erkennen und sie uns einzugestehen. Doch wenn wir nicht durch die Realität und unser Umfeld dazu gezwungen werden wollen, ist es notwendig, uns mit dem eigenen Wesen auseinanderzusetzen und uns zu fragen, wo wir gegen unser Umfeld in intoleranter und dogmatischer, aber auch in extremistischer Weise vorgehen. Laß auch einmal andere Argumente gelten, und lerne, bisweilen zurückzustecken und anderen den Vortritt zu lassen. Suche dabei jedoch Dein inneres Wesen auf, und vermittle ihm, daß es in dieser Situation keinen Grund gibt, aggressiv zu werden oder Gefühle der Entbehrung oder Enttäuschung zu entwickeln. Es wird Dir nichts verloren gehen.

Selbsterkenntnis und Hintergründe: Du erfährst jetzt eine Isolation und Abgeschiedenheit von Deinem wahren Ich und Deinen Mitmenschen, die Du zu einem großen Teil selbst verschuldet hast. Doch gerade die Fähigkeit, ein Selbst-Geständnis abzulegen, erfordert von Dir die Bereitschaft, die Verantwortung für Dein Tun und Handeln auch vollkommen zu übernehmen. Vielleicht siehst Du auch gar keinen Grund für ein Geständnis, denn Du fühlst Dich unschuldig und zu Unrecht angeklagt. Betrachte die jetzige Situation als wichtige Prüfung Deines Lebens, denn jeder Mensch hat auf dieser Welt seine Probleme zu bewältigen. Entscheidend ist dabei nicht nur die Art und Weise, wie man mit diesen Schwierigkeiten umgeht und fertig wird, sondern auch die Methodik, die man bei ihrer Bewältigung anwendet. Es ist mit Sicherheit die einfachste Lösung, sein Umfeld für die eigenen Probleme verantwortlich zu machen, also die Ursachen im Außen und in anderen zu sehen – und somit jemanden für uns zum Sündenbock zu machen. Lerne Selbstverantwortung, und forsche in Deinem Inneren, welche Deiner Bedürfnisse in Deinem Leben (bisher noch) nicht befriedigt werden. Erkenne aber auch Deine eigene Schuld an dem, was Dich umgibt, und ziehe Deine Erfahrungen daraus, dann kannst Du die Situation für Dich wandeln und erlöst daraus hervorgehen.

Hoffnungen und Ängste: Du hegst in Dir die Hoffnung auf Begnadigung, doch rechnest Du eher noch damit, daß Dein innerliches Gnadengesuch von Deinem Selbst abgelehnt wird. Intuitiv erfaßt Du, daß Du den Punkt, der Deine eigene Blockade auslöst, noch nicht überwunden hast. Vielleicht ist es auch an Dir, Deine innere Führung nun ganz bewußt einzuladen und um Hilfe zu bitten, um wieder zu Deinen eigenen Wurzeln zu kommen. Es liegt an Dir, ob Du Deine Strafe lebenslänglich dauern läßt oder ob Du schließlich erstmals auf Bewährung wieder Deine Isolation aufgeben darfst, weil Du alle Zeichen dafür in Dir trägst, daß Du Deine Schuld erkannt und auch Deine Fehler bereut hast. Lerne aus dieser Situation, und mache Dir die Angst vor einer erneuten Abkapselung zu nutze, um solche oder ähnliche Ausrutscher zukünftig zu vermeiden. Es wird Dir dabei helfen, Deinen Weg zu finden.

Beachtenswert bei der Deutung der Karte

Es geht um eine Lebenslektion, die Du jetzt zu lernen hast. Du befindest Dich in Deinem eigenen Wesen eingesperrt und zwar so lange, bis Du zur Selbst-Erkenntnis gelangst, denn dies ist bekanntlich der erste Schritt zur Besserung.

Du brauchst nicht in Prinzipien zu verharren, wenn Du merkst, daß sie zu starr sind und in Dir nur ungute Gefühle aufkommen lassen, weil Du Dich selbst und andere durch diese Regeln unterdrückst. Verhalte Dich weise und gerecht, nicht despotisch und selbst- und/oder ungerecht. Öffne Dich für die Gesamtheit Deiner Gefühle, auch für die unangenehmen Nuancen der Furcht und des Zorns. Erlebe und erfahre sie, denn sie sind auch ein Schlüssel für das Verständnis gegenüber Deinen Mitmenschen. Gleiches Recht für alle – gestehe anderen das zu, was Du für Dich selbst beanspruchst, und übe Toleranz, auch oder gerade Dir selbst gegenüber. Wenn Du diese Einsichten ergründen und verinnerlichen kannst, wird sich das Tor zur Freiheit bald öffnen, das Dir den Zutritt zu allen Ebenen Deines persönlichen Erlebens ermöglicht.

Kurze Deutungshinweise mit anderen Karten

3	Ehestandskarte	Man fühlt sich in dieser Verbindung eingeengt
4	Zusammenkunft	Man fühlt sich durch gesellschaftliche Verpflichtungen beengt
5	Guter Herr	Unternehmungen sollten überdacht werden – es sind noch nicht alle Risikofaktoren berücksichtigt
6	Gute Dame	Man fühlt sich durch die bemutternde Art und Weise dieser Person eingeengt
7	Angenehmer Brief	Man erhält eine Nachricht, die einem den Freiraum/Spielraum nimmt
8	Falsche Person	Diese Situation ist für Dich eine schwere Prüfung, aus der Du jedoch viel lernen wirst
9	Veränderung	Man engt sich selbst ein, durch den Willen, die Dinge zu verändern
10	Reise	Es besteht die Gefahr, vor seinen Problemen davonzulaufen
11	Viel Geld gewinnen	Trotz der allgemein glücklichen Situation fühlt man sich eingeengt und isoliert
12	Reiches Mädchen	Man ist derzeit kaum in der Lage, sich durch Überlegungen aus dieser Verstrickung zu befreien
13	Reicher guter Herr	Man fühlt sich dem Erfolg verpflichtet
14	Eine traurige Nachricht	Es geht um eine Sache, der man sich verpflichtet oder an die man sich gebunden fühlt
15	Guter Ausgang in der Liebe	Die Beziehung/Der Partner engt einen ein
16	Seine Gedanken	Man ist vieler Dinge überdrüssig
17	Geschenk bekommen	Das Geschenk bindet einen

18	Ein kleines Kind	Man versteht die Einschränkung nicht/ Man fühlt sich unschuldig
19	Ein Todesfall	Man fühlt sich von der Außenwelt abgeschnitten – hier geht es darum, die Situation als Prüfung zu betrachten, um etwas daraus zu lernen
20	Haus	Man fühlt sich aus seiner Situation heraus isoliert
21	Wohnzimmer	Das eigene Heim bringt schwere Probleme, die aber überwunden werden
22	Militärperson	Die eigene Selbstkontrolle und Beständigkeit engt einen ein
23	Gericht	Ein unbefriedigender Ausgang in dieser Sache/Man wird bestraft
24	Diebstahl	Man fühlt sich durch den/die Verlust/e eingeengt
25	Zu hohen Ehren kommen	Man fühlt sich durch den angestammten Stand und Status eingeengt
26	Großes Glück	Obwohl man viel erhält und alles bekommt, fühlt man sich unglücklich und eingesperrt
27	Unverhofftes Geld	Den Erfolg/Das Geld erhält man auf ungerechtfertigte Weise
28	Erwartung	Die Erwartung lenkt einen von anderen (wesentlichen) Dingen ab, sie hemmt
30	Gerichtsperson	Der Streit dauert an; man fühlt sich dadurch eingeengt oder an etwas gebunden/verpflichtet
31	Kurze Krankheit	Eine Krankheit wird als Belastung/ Bestrafung empfunden
32	Kummer und Widerwärtigkeiten	Man läßt sich einschüchtern

33	Trübe Gedanken	Es handelt sich um eine der wichtigen Begebenheiten im Leben; sie ist auf jeden Fall in angemessener Weise zu lösen
34	Arbeit	Man fühlt sich durch die Arbeit eingeengt
35	Ein langer Weg	Man hat in dieser Situation das Gefühl der Ausweglosigkeit
36	Die Hoffnung, großes Wasser	Man fühlt sich an der Verwirklichung der eigenen Wünsche gehindert

30 Gerichtsperson

Krach/Differenzen und auch rechtlicher Beistand

Beschreibung der Karte

Lässig an ein Stehpult gelehnt, notiert ein Gerichtsschreiber (oder Rechtsanwalt) mit rechts die Aussage einer vor ihm stehenden jungen Dame. Sein Gesichtsausdruck und seine Haltung lassen darauf schließen, daß er dem Vorgetragenen keine Bedeutung beimißt, die ganze Sache herabwürdigt. Im rechten Teil ist noch ein Gerichtsdiener zu sehen, der die Frau wahrscheinlich in den Raum geleitet hat. Sein Blick ist starr geradeaus gerichtet, er nimmt zu keiner der beiden anderen Personen eine besondere Haltung ein. Die Körperhaltung der jungen Frau wirkt leicht nach vorne gebeugt, vielleicht um so eindringlicher zu erscheinen. In ihrer linken Hand trägt sie einen *Schirm.*

Grundsätzliche Deutung der Karte

Nun ist es an Dir, Deine Rechte und Ansprüche durchzusetzen. Es geht um Dein inneres Wesen, um Dein Selbst, um Deine Wünsche und Ziele, aber auch um den Schutz Deiner eigenen Person. Etwas oder jemand versucht, Dich in Deinen Rechten zu beschränken oder Dich in irgendeiner Weise zu übervorteilen. Dies kann durch Gerede geschehen, aber auch durch Handeln oder Unterlassen einer Aktion. Wehre Dich, und fordere das ein, was Dir zusteht, doch sei Dir bewußt, daß es vielleicht ein hartes Gefecht werden kann. Wahre bei allem aber die Gebote der Fairneß und Offenheit.

Partnerschaft: Derzeit gibt es ein wenig Differenzen zwischen Dir und Deinen Mitmenschen und/oder Deinem Partner, weil bei einer bestimmten Aktion zwei grundsätzlich verschiedene Meinungen aufeinandertreffen und die Erfüllung der Bedürfnisse der einen Seite in die Rechte der anderen Seite eingreift. Dies sorgt für Auseinandersetzungen, die nicht unbedingt ein dramatisches Ausmaß annehmen müssen, wenn beide Seiten noch kompromißbereit sind. Überlege, ob es in diesem Fall notwendig ist, Deine Meinung durchzusetzen oder ein Recht um jeden Preis einzufordern. Versetze Dich in die Situation Deines Gegenübers, und erkunde die Argumentation aus seiner Sicht. Dann überlege, ob Du zur Klärung dieser Sache tatsächlich viel Staub aufwirbeln willst.

Selbsterkenntnis und Hintergründe: Du hast normalerweise einen sehr guten Kontakt zu Deiner inneren Führung und entscheidest daher zumeist intuitiv, was für Dich richtig oder falsch, wahr oder gelogen ist. Du läßt Dich von Mißständen und Ungerechtigkeiten, die Dir selbst geschehen oder die Deine Mitmenschen erleben, nicht unterdrücken und gehst des öfteren rebellisch dagegen an. Dabei erntest Du nicht immer Verständnis, sondern manchmal auch Hochmut, Spott und Häme. Das mag Dich dazu bringen, daß Du Dich zurückziehst und Deine Wunden leckst, Dir vielleicht schwörst, Dich nicht mehr für andere einzusetzen oder selbst jemanden um Hilfe oder Unterstützung zu bitten. Lerne aus diesen Erfahrungen, auch wenn sie bitter sind, doch denke weiterhin darüber nach, daß Deine Bemühungen irgendwann einmal Früchte tragen werden, denn Du hast einen Prozeß initiiert, der sich in den Gedanken der anderen erst einmal manifestieren muß. An ihren Handlungen wirst Du erkennen, ob Du Dein Ziel erreicht hast.

Konflikte: Rebellion gegen Mißstände, die unfrei machen, ungerecht sind und die Menschen ungleich behandeln, ist eine durchaus gute Sache, doch hängt die Glaubwürdigkeit und die Wirkung mitunter sehr davon ab, wie diese Auflehnung stattfindet. Es ist genauso unsinnig, mit Kanonen auf Spatzen zu schießen, wie einen Elefanten mit einer Fliegenklatsche erlegen zu wollen. Radikalismus einerseits und Pazifismus andererseits können die beiden Extreme darstellen, mit denen Du in der einen oder anderen Art versuchst, Deine Mitmenschen dazu zu bewegen, ihren Standpunkt aufzugeben. Versuche von beiden Haltungen ein Mischungsverhältnis zu erstreben, das es Dir ermöglicht, diplomatisch, aber doch bestimmt Deine Wünsche und Argumente vorzutragen, wie es in der jeweiligen Situation angemessen ist. Deine Überzeugungskraft (im positiven Sinne) wird steigen, und so kannst Du Achtungserfolge erzielen, die auch Deine Gegner und Kritiker verstummen lassen.

Hoffnungen und Ängste: Du spürst die Impulsivität in Dir und den Wunsch, bestehende Beschränkungen niederzureißen und für alle eine Welt in Frieden, Gerechtigkeit und Freiheit zu errichten. Du bist Dir auch der enormen Energien bewußt, die Du in Dir trägst, um Dein Umfeld wachzurütteln und die Mißstände aufzuzeigen. Die nun dabei entstehenden Komplikationen drängen Dich bisweilen in einen Randbereich, wo Du Dich für den Schutz Deiner eigenen Person oder der Allgemeinheit entscheiden mußt. Du kämpfst für diejenigen, die ärmer und schwächer sind als Du und erhältst dafür so manche Wunde geschlagen. Falls Du Dich von Sanktionen bedroht siehst, solltest Du Deine eigenen Vorstellungen und Wünsche hinterfragen und klären, ob Dein angestrebtes Weltbild und die Art, wie Du es erreichen möchtest, stimmig sind. Es besteht vielleicht die geringe Möglichkeit, daß Du zu einer Art Märtyrer wirst. Wenn Du das nicht willst, mußt Du Deine Ziele neu definieren. Achte auch darauf, daß die Verletzungen, die Du Dir in Deinen Kämpfen zuziehst, für Dich nicht lebensbedrohlich werden. Ziehe Dich lieber für eine Zeit zurück, um Deine Kräfte neu zu konzentrieren. Du bist der erstrebten Gemeinschaft näher, als Du denkst. Sei sicher, daß Du durch Deine Antriebskraft und Deinen Willen die Situation um Dich herum zum besten wenden kannst.

Beachtenswert bei der Deutung der Karte

Du gehst entschlossen an die Bekämpfung von Unwahrheiten und veralteten Ansichten wie auch verfahrenen Situationen heran. Es sollte für Dich jedoch zudem wichtig sein, daß Du überprüfst, ob Du nicht im Außen bekämpfst, was Dich im Inneren attackiert und nur durch geschickte Verdrängung bisher unter dem Mantel des Unbewußt-Seins bleiben konnte. Auf welcher Seite Du auch die Ursache für den bestehenden Konflikt entdeckst, schlage nicht alles in Scherben, sondern laß noch soviel Raum und Substanz bestehen, daß auf dieser Basis neu aufgebaut werden kann. Zeige, daß Du nicht nur kämpferisch bist, sondern daß Du auch verzeihen, annehmen und lieben kannst.

Kurze Deutungshinweise mit anderen Karten

3	Ehestandskarte	Differenzen mit dem Partner/Man scheidet sich
4	Zusammenkunft	Streit unter Freunden/bei einem Treffen
5	Guter Herr	Man macht sich zur Zielscheibe von Spott und Häme
6	Gute Dame	Jemand steht Dir mit mütterlichem Rat zur Seite
7	Angenehmer Brief	Jemand versucht zu vermitteln/ Nachrichten von jemandem, der Dir beisteht
8	Falsche Person	Du wirst zum Gespött der Leute (gemacht)
9	Veränderung	Dieser Streit bringt eine große Veränderung mit sich
10	Reise	Krach und Schwierigkeiten im Zusammenhang mit einer Reise
11	Viel Geld gewinnen	Es geht in diesem Streit um Geld
12	Reiches Mädchen	Man geht zu unschuldig oder naiv an eine Sache heran
13	Reicher guter Herr	Man reagiert verhalten auf die Situation/Man wartet ab (eventuell zu lange!)
14	Eine traurige Nachricht	Rechtlicher Beistand (Justitia) kann erforderlich werden/Prozeß geht verloren, evtl. ein gerichtlicher Vergleich
15	Guter Ausgang in der Liebe	Ein Streit mit einer Person, die einem sehr nahesteht (evtl. wegen Eifersucht)
16	Seine Gedanken	Es ist noch alles offen; die Entscheidung wird abgewogen, ist aber noch nicht gefällt
17	Geschenk bekommen	Es wird wegen einer Schenkung Beistand notwendig

18	Ein kleines Kind	Es gibt neue Auseinandersetzungen
19	Ein Todesfall	Wegen der Beendigung einer Sache/ Situation wird Beistand notwendig
20	Haus	Man hat Differenzen im Haus oder wegen des Hauses
21	Wohnzimmer	Ärger mit dem Mietverhältnis, evtl. aber auch mit der Hypothekenbank/ Ärger zu Hause
22	Militärperson	Vertraue Dich einem guten Freund an
23	Gericht	Überdenke Deine eigenen Auffassungen in dieser Sache, um die Situation nicht zu verschlimmern
24	Diebstahl	Der Streit geht vorüber/Der Krach raubt einem die Kraft
25	Zu hohen Ehren kommen	Man hat alle Möglichkeiten zur Konfliktlösung; der Ausgang des Geschehens hängt von einem selbst ab
26	Großes Glück	Die Sache geht gut aus; man hat guten Beistand
27	Unverhofftes Geld	Du erhältst Geld/Gerechtigkeit zugesprochen/Der Erwerb erfolgt rechtmäßig
28	Erwartung	Man erwartet unruhige Zeiten
29	Gefängnis	Der Streit dauert an; man fühlt sich dadurch eingeengt oder an etwas gebunden/verpflichtet
31	Kurze Krankheit	Man fühlt sich durch eine Krankheit dem Spott und der Häme Dritter ausgesetzt
32	Kummer und Widerwärtigkeiten	Ein großer Krach, vor dem gewarnt wurde, aus dem man aber etwas lernt
33	Trübe Gedanken	Man macht sich sehr viele Gedanken wegen eines Streitfalls
34	Arbeit	Die Bewältigung des Streits ist sehr aufwendig/Krach auf der Arbeit

35	Ein langer Weg	Eine langfristige Streitsache/Die Lösung des Problems läßt auf sich warten (– eine Entscheidung wird fällig!)
36	Die Hoffnung, großes Wasser	Der Hintergrund und die Problemlösung bleiben noch im Verborgenen/ Die Zeit ist noch nicht reif

31 Kurze Krankheit

Gesundheit – Krankheit, Körperliche und seelische Beeinträchtigungen

Beschreibung der Karte

Im linken Teil des Bilds sieht man eine Frau, jüngeren bis mittleren Alters, die aufgrund einer Schwäche zu Bett liegt. Im rechten Teil des Bilds wird, neben der Frau auf dem Bett sitzend, ein Arzt dargestellt. Er mißt der Frau mit der rechten Hand den Puls. Seine Haltung deutet an, daß er im Begriff ist, sich vom Bett zu erheben. Sein Gesichtsausdruck läßt nicht auf eine beunruhigende Situation schließen.

Grundsätzliche Deutung der Karte

Jetzt ist die Zeit für eine Unterbrechung gekommen, die jedoch von keinem der Beteiligten gerne aufgenommen wird. Es ist nicht die wohlverdiente Ruhe, der Feierabend oder Urlaub gemeint, sondern die nicht willkommene Zwangspause, die in jeder Situation eintreten kann und alles ins Stocken bringt. Auf einer anderen Ebene kann diese Karte aber auch eine Welt- oder Realitätsflucht bedeuten. Eine solche macht es für Dich sehr schwer, Deine energetischen Bahnen mit denen Deines Umfelds in Einklang zu bringen. Es raubt Kräfte und erzeugt in den Menschen, die dieses Phänomen eine Zeitlang durchleiden müssen, bisweilen starke Gefühle des Mangels und der Rückwendung zu den eigenen kindlichen Empfindungen. Auch die Hinwendung zu Sucht- und Genußmitteln als Rausch- und Betäubungsmittel kommt mit dieser Karte mitunter zum Ausdruck.

Partnerschaft: Im Moment liegen die Beziehungen zu denen, die Du liebst, etwas brach, denn alles scheint sich irgendwie im Dornröschenschlaf zu befinden. Dabei solltest Du nun genau darauf achten, ob Du Dich mit Deinen Gefühlen zu einer erholsamen Ruhe zurückgezogen hast, um Deine Energien und Emotionen zu regenerieren oder ob Du oder Dein Partner den ganz bewußten Rückzug angetreten hat, um der Beziehung(skrise) eine Weile aus dem Weg zu gehen. Im letzteren Fall sollte Dir jedoch klar sein, daß Du das Problem nicht be- und verarbeitest, sondern nur vertagst. Die Karte fordert Dich auf, Deine Kräfte zu mobilisieren und aktiv zu werden. Erholung ist wichtig, doch entscheidend ist die Menge. Zuwenig stärkt Deine Kräfte nicht ausreichend und macht Dich nicht widerstandsfähig; zuviel macht Dich träge und dekadent. Berate Dich mit Deiner inneren Führung, wieviel Ruhe und Abstand Du brauchst, um Dir über Deine Gefühle und Deine Einstellung klar zu werden, und dann nimm Dir bewußt diese Zeit zur Entspannung. Wenn die Entscheidung in Dir gereift ist, wirst Du auch die Kraft haben, sie zu leben.

Selbsterkenntnis und Hintergründe: Was führt dazu, daß Du Dich im Moment etwas indisponiert fühlst? Vielleicht hast Du in der letzten Zeit etwas zu sehr über Deine Kräfte gewirtschaftet und Dir mehr zugemutet, als Du bewältigen konntest, oder ist es einfach nur Deine innere Sehnsucht, nach etwas mehr Ruhe und Frieden in den Phasen heftiger Betriebsamkeit und Konflikte. Dein Körper sendet Dir Signale, die Dir zeigen sollen, wo Deine Defizite und wo der Überfluß liegt. Wenn Du Appetit auf etwas ganz Besonderes bekommst, ist darin meist ein bestimmter Bestandteil enthalten, nach dem Dein Organismus oder auch Deine Seele in diesem Moment verlangt. Ein Zuwenig an den guten Dingen des Lebens kann nun dafür sorgen, daß Du Dich jetzt unwohl fühlst und Dich einfach nur zurückziehen möchtest. Doch auch hier ist die richtige Dosierung maßgeblich. Wie in der Homöopathie selbst ein Giftstoff in einer sehr geringen Dosierung dafür sorgen kann, daß der Körper Anreize zur Heilung erhält, würde die höhere Dosierung für eine Vergiftung sorgen, die den Patienten noch stärker erkranken läßt oder ihn sogar in eine lebensbedrohliche Situation bringt. Überlege, wo Du bereits jetzt ganz deutlich ein Zuviel oder Zuwenig in Deinem Leben wahrnehmen kannst und heile Dich in der nächsten Zeit ganz bewußt in diesem Bereich. Doch versuche nicht, das Fehlende mit dem Überfluß zu heilen und den Überschuß durch jeglichen Entzug des Benötigten zu kompensieren, denn auf diese Weise erzeugst Du ein neues Ungleichgewicht in Dir – nur diesmal zur anderen Seite der Waagschale hin. Fülle die eine Seite solange auf, und nimm auf der anderen Seite solange etwas Weg, bis Du mit Dir, Deinem Körper, Geist und Deiner Seele im Einklang bist.

Konflikte: Irgendetwas hat Dir Energie geraubt, und Du bist derzeit nicht in der Lage, sie zu erneuern. Frage Dich, warum der Fluß Deiner Kraft im Moment gestört ist, was Dich so aus dem Gleichgewicht bringen konnte, daß Du nicht den Ausgleich schaffen kannst und Dich lieber zurückziehst. Sicherlich ist es eine Zeitlang ganz angenehm, sich zur Ruhe zu legen und von Ärzten und Schwestern (dies ist auch im übertragenen Sinne zu verstehen), umsorgt, gepflegt und geheilt zu werden. Doch frage Dich, wieviel Mühe es Dir macht, Dich vom Krankenlager wieder zu erheben, oder genießt Du vielleicht den gebotenen Komfort sogar und tust nun alles, um noch etwas länger Beachtung zu erhalten? Vielleicht nutzt Du auch diese Situation und forderst durch eine seelisch-emotionale Erpressung die Aufmerksamkeit Deiner Mitmenschen ein? Erspüre die Bereiche in Dir, die Dich dazu bringen, Dein Umfeld mit Deiner Unpäßlichkeit in die Knie zu zwingen. Sei nun nicht gekränkt, sondern erlaube Dir und den Menschen, die Dich umgeben, zu Deiner Heilung beizutragen. Du brauchst diese Schlichen nicht, um Dir die Zuneigung anderer zu erkaufen, ganz im Gegenteil – durch diese Nötigung, Dir Beachtung zu schenken, erzeugst Du oft nur Unwillen und Ablehnung.

Hoffnungen und Ängste: Eine Krankheit führt uns neben den Grenzen unserer Körperlichkeit haben, auch unsere psychische Belastbarkeit und die Auswirkungen, die ein psychisch-physisches Ungleichgewicht vor Augen. Doch nicht nur im eigentlichen Sinne des Begriffs, sondern auch in der symbolhaften Deutung wird klar, daß die Krankheit als vorübergehender Status anzusehen ist, der in sich bereits die Chance zur Heilung trägt. Wie bei den Kinderkrankheiten, gegen die wir immun werden, wenn wir uns einmal mit ihnen infiziert haben, wachsen wir auch mit den Krankheiten unseres Lebens. Wenn Du eine Situation durchstanden hast, wirst Du resistent gegen ähnliche Probleme, und selbst wenn zunächst kleine Narben zurückbleiben sollten, kannst Du davon ausgehen, daß die Zeit alle Wunden heilt und auch diese Zeichen Deines Er-Lebens nicht mehr schmerzen werden.

Beachtenswert bei der Deutung der Karte

Die Karte bedeutet eine Zeit der Niedergeschlagenheit, der Schwäche und des Sich-nicht-Wohlfühlens. Dies kann organische Ursachen haben, ist im Deutungsbereich dieser Karte für Dich aber eigentlich nicht relevant. Wenn Dir

Deine innere Führung dazu rät und Du Dich sicherer fühlst, lasse Dich von einem Arzt oder Heilpraktiker untersuchen. In den nachfolgenden Deutungshinweise, habe ich unabhängig von einer organischen Störung trotzdem den Begriff Krankheit verwendet, weil er als allumfassender Ausdruck die tendenziellen Inhalte am besten wiederspiegelt. Du solltest auf jeden Fall mit weiteren, gezogenen Karten erforschen, woher die Krankheit stammt, d. h. wo ihre Ursachen liegen. Erst dann wirst Du in der Lage sein können, mit Deiner inneren Führung die richtige Medizin zusammenzustellen.

Kurze Deutungshinweise mit anderen Karten

3	Ehestandskarte	Eine gesunde Beziehung
4	Zusammenkunft	Ein Krankenbesuch
5	Guter Herr	Die Krankheit beginnt; in umgekehrter Legeweise: Die Krankheit geht
6	Gute Dame	Du strotzt vor Energie, Kraft und Gesundheit; jedoch nicht jeder hat dieses Glück, denke darüber nach!
7	Angenehmer Brief	Jemand versucht zu vermitteln/ Nachrichten von einem rechtlichen Beistand
8	Falsche Person	Eine andere Person macht Dich krank (Intrigen, Mobbing o. ä.)
9	Veränderung	Eine Krankheit geht/Erneuerungsphase
10	Reise	Luftveränderung kann Heilung bringen
11	Viel Geld gewinnen	Schlaf tut Dir gut; ruhen Dich aus
12	Reiches Mädchen	Probleme im Unterleib/Sexualität
13	Reicher guter Herr	Die Gedanken sind blockiert
14	Eine traurige Nachricht	Du selbst erhältst eine Nachricht über eine Krankheit oder eine Nachricht über die Erkrankung einer bekannten Person
15	Guter Ausgang in der Liebe	Die Liebe zu oder von einer Person verhilft zu schneller Heilung
16	Seine Gedanken	Schwankungen im Befinden; sich Sorgen über die Gesundheit machen
17	Geschenk bekommen	Gesundheit als Freude/Geschenk empfinden (Sich des öfteren einmal Gedanken machen, wie gut es einem geht!)
18	Ein kleines Kind	Sich frisch und munter fühlen
19	Ein Todesfall	Die Störung sollte nicht unterschätzt werden; frage jemanden, der vielleicht Ähnliches erlebt hat um Rat
20	Haus	Man ist aus dem Gleichgewicht geraten

21	Wohnzimmer	Der Wunsch nach dem eigenen Heim kann sich erfüllen; aber auch: das eigene Heim führt zu (gesundheitlichen) Belastungen
22	Militärperson	Man achtet auf seine Gesundheit
22	Militärperson	Mehr auf die „innere Stimme" hören, sonst stellen sich gesundheitliche Probleme ein
23	Gericht	Etwas zehrt an Deinen Kräften; hier muß eine Entscheidung getroffen werden
24	Diebstahl	Etwas nagt an Deiner Substanz
25	Zu hohen Ehren kommen	Etwas, das fehlt, wird als notwendig erachtet, um sich gesund zu fühlen (Beförderung, Anerkennung, Zuwendung, Urlaub etc...)
26	Großes Glück	Ein gesunder Geist in einem gesunden Körper
27	Unverhofftes Geld	Mit der Gesundheit ist alles bestens
28	Erwartung	Eine starke Gesundheit und Konstitution
29	Gefängnis	Eine Krankheit wird als Belastung/ Bestrafung empfunden
30	Gerichtsperson	Man fühlt sich durch eine Krankheit dem Spott und der Häme Dritter ausgesetzt
32	Kummer und Widerwärtigkeiten	Erste Anzeichen einer drohenden Krankheit; diese sollten beachtet werden
33	Trübe Gedanken	Vorsicht vor „Wunderheilern"!
34	Arbeit	Die Gesundheit (Krankheit) macht große Probleme
35	Ein langer Weg	Auf längere Sicht wird sich keine Besserung einstellen
36	Die Hoffnung, großes Wasser	Man fühlt sich unwohl und empfindet die Situation als verworren, kann aber gleichzeitig keinen Ratschlag annehmen

32 Kummer und Widerwärtigkeiten

Warnung, Kummer, drohendes Unheil

Beschreibung der Karte

Auf der linken Seite des Bilds sieht der Betrachter einen Holztisch, im vorderen rechten Teil kann man einen dazugehörigen Stuhl erkennen. Im Mittelteil des Bilds sieht man einen bärtigen Mann, mittleren Alters, der sich zum Ausdruck starker Grübelei mit der rechten Hand an den Kopf faßt; seine Körperhaltung deutet an, daß er unruhig durch das Zimmer geht. Hinter dem Mann befindet sich auf der rechten Bildseite ein Kachel*ofen*.

Grundsätzliche Deutung der Karte

Du bist erfüllt von Schmerz und Unverständnis, doch fügst Du Dir selbst und anderen in Deiner Verzweiflung nur noch weiteren Kummer zu. Die Situationen, die Du in der vergangenen Zeit nicht beachtet und an deren Lösung Du Dich nicht herangewagt hast, haben sich aufgebläht und bereiten Dir arges Kopfzerbrechen.

Jetzt ist für Dich die Zeit gekommen, endgültig an die Bewältigung Deiner Probleme heranzugehen und an den Ursprung Deiner Leiden zurückzukehren, um ihn aufzulösen. Versuche, wieder Kontakt zu Deiner inneren Führung aufzunehmen, damit Dein Wesen ins Gleichgewicht kommt und Du die Lösungen für Deine Schwierigkeiten in Deinem Inneren finden kannst, indem Du etwas mehr Licht und Wärme in Dein Leben läßt.

Partnerschaft: Wenn die Belastungen zu groß werden, neigen wir dazu, nur noch die negativen Ereignisse zu sehen und den Blick für die positiven Dinge des Lebens fast gänzlich zu verlieren. Neben der Befürchtung, die aktuelle Situation nicht bewältigen zu können, drängen sich unverarbeitete Ängste und Triebe nach oben und erschweren eine objektive Betrachtung des Problems und die Suche nach einer Lösung. Wenn wir versuchen, solche Zustände aufzulösen, kann es vorkommen, daß wir alles als aussichtslos betrachten. Bemühe Dich, Deine noch vorhandenen Kräfte auf das zu richten, was Du in Deiner Situation (be-)greifen kannst, und achte darauf, die gegebenen Umstände möglichst objektiv zu betrachten. Versuche, mit Deiner inneren Führung Kontakt aufzunehmen, oder sprich mit einem fachlich kompetenten Berater – wenn Du Dich dann stabil genug fühlst, triff eine konsequente Entscheidung.

Selbsterkenntnis und Hintergründe: Du hast Dich in der vergangenen Zeit zu sehr von Deinen eigenen Ängsten und Schwächen unterdrücken lassen. Damit hast Du Dich in eine Abhängigkeit begeben, die Dich unterjocht und Dir fast jedes Recht auf Freude und Liebe verwehrt. Um Dich aus dieser Situation zu lösen, mußt Du nun einen beschwerlichen Weg gehen, der Dich mit den dunklen Aspekten Deines Wesens in Berührung bringt. Doch dieser Prozeß ist zwingend notwendig, um Dich selbst an den Haaren aus diesem Sumpf herauszuziehen. Gerade wenn Du glaubst, dies sei paradox und nicht durchführbar, dann tue es, und durchbreche diesen Teufelskreis.

Konflikte: Gefühle der Ohnmacht und Hoffnungslosigkeit bringen uns dazu, nach dem letzten Strohhalm zu greifen oder verzweifelt um uns zu schlagen. Dies führt bisweilen in extreme Situationen, so daß Du Dich entweder resigniert einem anderen Menschen unterordnest und ihm die Lösung Deiner Probleme überläßt oder aggressiv jeden von Dir weist, der Dir Hilfe anbietet. Dir fällt es momentan schwer, einen Mittelweg zu finden, und Du suchst den Ausgleich dafür im Außen. Andere Personen, Gegenstände oder Genuß- und Suchtmittel sollen dazu dienen, Deine Defizite zu kompensieren. Doch die Lösung Deiner Probleme liegt nicht im Außen, sondern in Deinem Inneren. Erkenne den Zusammenhang von Ursache und Wirkung, und mache Dich auf die Suche nach der Wurzel des Übels.

Hoffnungen und Ängste: In der derzeitigen Situation überwiegen für Dich noch die bedrohlichen Gefühle, die Dir den Eindruck vermitteln, daß alles eher noch schlimmer wird, als besser. Doch überlege, ob Du nicht in Deiner jetzigen Situation das Märtyrertum suchst und benutzt, um Anteilnahme zu erhalten. Wenn Du die Ursache Deines Verharrens in den für Dich belastenden Verhältnissen erkannt hast, wirst Du wieder etwas finden können, was jetzt bereits in Dir ist, jedoch wahrscheinlich noch nicht bewußt: Deine Emotionen und Bedürfnisse halten Dich in Deiner jetzigen Situation gefangen bedeutet jedoch, daß Du ein empfänglicher Mensch bist und grundsätzlich bereit, Deine Gefühle auch wahrzunehmen, selbst wenn sie für Dich in dieser Weise so sehr belastend sind. Erfahre Deine Gefühle und transformiere sie – verwandele das Negative in das Gute. Im reinen Zustand empfinden wir Offenheit als positives Gefühl, wenn nun die Umstände negative Einflüsse mitbringen, kann sich dieses gute Gefühl in Verletzlichkeit und Angst umwandeln. Doch wenn diese Art der Entwicklung möglich ist, kann es auch umgekehrt funktionieren. Lerne wieder, Dich zu öffnen und die positiven Dinge in Deinem Leben wahrzunehmen. Suche wieder nach dem Licht, und verlasse das Dunkel!

Beachtenswert bei der Deutung der Karte

Du bist an einem Wendepunkt angelangt; es zwingt sich Dir eine Veränderung auf, die Deinem Selbst-Schutz dient. Doch es ist keine Aufforderung zu dramatischer Aktion und extremer Mittelanwendung, sondern zur Selbstkritik, mag sie auch sehr schmerzhaft sein. Bausche Deine Probleme, Gedanken und Gefühle nicht in übersteigerter Weise auf, sondern versuche, Demut und Läuterung durch diese Situation zu erfahren. Dies heißt aber nicht, Dich selbstlos einem Ratgeber unterzuordnen, sondern durch Dein Selbst Deinem inneren Wesen Heilung zu verschaffen.

Kurze Deutungshinweise mit anderen Karten

3	Ehestandskarte	In der Partnerschaft gibt es eine große Krise; professioneller Rat ist nötig
4	Zusammenkunft	Ein Treffen bringt nichts Gutes mit sich/Vorsicht bei einem Treffen
5	Guter Herr	Unheil kündigt sich an, ist aber noch abzuwenden
6	Gute Dame	Eine (weibliche) vertraute Person gibt Dir Hinweise und Ratschläge
7	Angenehmer Brief	Man versucht, Dir etwas zwischen den Zeilen zu sagen
8	Falsche Person	Achtung! a) Rat von einer bestimmten Person ernstnehmen; oder: b) ein falscher Rat! Dies hängt von den Nachbarkarten ab!
9	Veränderung	Man macht sich Sorgen wegen einer Veränderung
10	Reise	Es könnten Sorgen durch eine Reise entstehen
11	Viel Geld gewinnen	Eine Warnung, nicht zu überschwenglich und leichtsinnig zu sein
12	Reiches Mädchen	Man hat sich durch das eigene, unschuldige Verhalten in Schwierigkeiten gebracht/Man versteht die gesamte Aufregung nicht
13	Reicher guter Herr	Die eigene Produktivität und Leistungsfähigkeit ist nicht unendlich verfügbar; keinen Raubbau mit den eigenen Kräften und Fähigkeiten treiben
14	Eine traurige Nachricht	Warnung vor drohendem Unheil
15	Guter Ausgang in der Liebe	Große Probleme in einer Beziehung; jemand warnt vor den Schwierigkeiten
16	Seine Gedanken	Man ist innerlich hin- und hergerissen; eine Lösung des Konflikts ist noch nicht in Sicht

17	Geschenk bekommen	Ein Geschenk bereitet Kummer
18	Ein kleines Kind	Neue Probleme kommen auf einen zu
19	Ein Todesfall	Die Beendigung eines Lebensabschnitts oder ein Trauerfall bereitet großen Kummer, der nicht aufgearbeitet wird (werden kann)
20	Haus	Man fühlt sich an der Basis bedroht
21	Wohnzimmer	Sorgen, die das Heim betreffen, kündigen sich an und verlangen eine weise Entscheidung
22	Militärperson	Eine bisher immer hilfsbereite Person wendet sich ab; man erhält keine Unterstützung mehr
23	Gericht	Die Trennung (oder sie zu erwarten) bereitet große Probleme und Kummer
24	Diebstahl	Nimm Warnungen (vor drohenden Verlusten) ernst
25	Zu hohen Ehren kommen	Man warnt vor zu hohen Ansprüchen – das eigene Prestigedenken bereitet Kummer
26	Großes Glück	Der Silberstreif am Horizont – die Schwierigkeiten lösen sich auf
27	Unverhofftes Geld	Die kleinen Widrigkeiten des Alltags verschwinden; aber auch: Bewußtmachung ist erforderlich, daß eine Glückssträhne endlich sein kann
28	Erwartung	Überlegen, ob man seine Erwartungen nicht zu hoch ansetzt
29	Gefängnis	Man läßt sich einschüchtern
30	Gerichtsperson	Ein großer Krach, vor dem gewarnt wurde, aus dem man aber etwas lernt
31	Kurze Krankheit	Die ersten Anzeichen einer drohenden Störung; diese sollten beachtet werden

33	Trübe Gedanken	Es gibt arge Probleme – man wird davor gewarnt, keine große Dummheit zu begehen
34	Arbeit	Die Krise ist noch nicht überwunden
35	Ein langer Weg	Eine gewichtige Entscheidung ist fällig; jemand warnt vor einer „falschen“ Wahl
36	Die Hoffnung, großes Wasser	Man fühlt sich unwohl und empfindet die Situation als verworren, kann aber gleichzeitig keinen Ratschlag annehmen

33 Trübe Gedanken

Verborgene Gedanken, Unsicherheit, Heimlichkeiten

Beschreibung der Karte

Der Hintergrund des Bilds zeigt einen roten Wandbehang, der durch hellblau gemusterte Balken unterbrochen wird. An den Rändern dieses Ornaments befindet sich eine Borte in kräftig gelber Farbe. Im linken mittleren Teil des Bilds ist ein Postament zu sehen, auf dem sich ein *Blumen*topf mit Zierpflanzen befindet. Ein Mann sitzt auf einem gelben Sessel. Seine Haltung läßt darauf schließen, daß er sich um die Bewältigung eines Problems große Gedanken macht. Neben ihm, im unteren rechten Teil des Bilds, erahnt man ein mit einem Tuch verdecktes Möbelstück.

Grundsätzliche Deutung der Karte

Du hast die ersten leisen Regungen Deiner inneren Führung (siehe Karte 16) nicht wahrgenommen oder sogar ganz bewußt ignoriert. Nun hat sich die Situation verstärkt, und Du erfährst, daß Deine Gedanken und Gefühle mittlerweile des öfteren ihre eigenen Wege gehen. So grübelst Du bisweilen über eine Lösung Deines Problems, doch stocherst Du dabei noch zu sehr an der Oberfläche. Wage Dich in die tieferen Regionen hinein, um zu erfassen, auf welche Weise Du Deine Schwierigkeiten lösen und auch zukünftig vermeiden kannst.

Du hast die Wahl, nun tätig zu werden und aktiv an die Bewältigung heranzugehen oder darauf zu vertrauen, daß jemand anderes oder die Zeit dieses Problem für Dich löst. Doch mit der letzteren Möglichkeit würdest Du wiederum zur Verdrängung neigen und nicht die Selbstverantwortung übernehmen. Sei Dir bewußt, daß Du der Herr des Geschehens bist und daß jedes unaufgearbeitete Problem in der Zukunft wieder erscheinen wird und dann beinahe doppelt so groß wirkt. Greife ein, bevor diese Situation zu einem ernsten Problem wird (siehe auch Karte 32).

Partnerschaft: Derzeit tust Du Dich schwer damit, unbefangen auf Deinen Partner und Deine Mitmenschen zuzugehen, denn der Energiefluß zwischen Euch ist auf irgendeine Weise gehemmt. Forsche nach, was zwischen Dir und Deinen Mitmenschen steht und das freie Strömen der Gefühle verhindert. Konzentriere Dich auf Dein Bestreben die Beziehung und ihren Kreislauf wiederherzustellen, und triff konsequente Entscheidungen, wenn Du herausgefunden hast, was Dich hemmt, Deine Gefühle frei strömen zu lassen.

Selbsterkenntnis und Hintergründe: Du hast dieses auftretende Problem bereits vor einiger Zeit erkannt, als es noch relativ klein und unbedeutend war. Seit diesem erstmaligen Erkennen schiebst Du die Klärung der Sache jedoch vor Dir her; sei es aus Unentschiedenheit über den Weg, den Du dazu einschlagen solltest oder aus der Furcht, eine Entscheidung zu treffen, mit der Du Dich später vielleicht nicht einverstanden fühlst. Versuche zu ergründen, was Du tief in Deinem Inneren wirklich möchtest, und überlege, wie Du zu diesem Ziel gelangen kannst. Wenn Du alleine in dieser Hinsicht schon unentschieden bist, dann bleibt Dir die Möglichkeit, den quasi umgekehrten Weg zu gehen und Dich zu fragen, was Du nicht willst. Zumeist fällt uns eine solche Aussage leichter. Zug um Zug kannst Du dann selektieren, welche Ziele und Wege für Dich weiterhin nicht in Betracht kommen und findest damit zu der für Dich akzeptablen Lösung.

Konflikte: Unentschiedenheit und Ausflüchte bringen für Dich die meisten Probleme mit Deinem Umfeld. Niemand wird es Dir übelnehmen, wenn Du Deine Meinung klar formulierst und äußerst, solange Du sie nicht mit einer Aggressivität oder mit Fanatismus verbreitest. Löse Dich von der Vorstellung, daß andere Dich weniger mögen, nur weil Du eigenständige Auffassungen und Gefühle in Dir trägst, die Du mitteilen, aber auch schützen möchtest. Hinterfrage Dich, wie Du Deine Meinungen und Vorschläge anderen überbringst. Versteckst Du Dich hinter unverbindlichen Äußerungen wie „jain, „vielleicht“, „demnächst“ u. ä., oder vertritt Du recht radikal Deine Ansichten, um gegenteiligen Argumenten direkt vorzubeugen. Nimm Dir ein wenig Zeit, um Deine Bedürfnisse und Ängste zu durchleuchten und Deine Verhaltensweise gegenüber anderen zu ergründen.

Hoffnungen und Ängste:
Mit jedem Fünkchen Licht, das Du in die Dunkelheit Deiner Unsicherheit bringst, schmilzt der dort befindliche Schatten zusammen, denn durch die eintretende Helligkeit wird das Dunkel entmachtet. Auch wenn Du im Moment noch nicht erkennen kannst, wie Du das Licht wieder in die kritischen Bereiche Deines Wesens zurückbringen kannst, trägst Du den Keim zur Lösung des Problems bereits in Dir. Gib die Hoffnung auf Dich selbst nicht auf, damit Deine Ängste nicht die Überhand gewinnen, denn Du hast die Kraft, die Situation unbeschadet zu überstehen.

Beachtenswert bei der Deutung der Karte

Du befindest Dich im Moment in einem Zustand, der zwischen den Inhalten der Karten „Seine Gedanken“ und „Kummer und Widerwärtigkeiten“ liegt. Die erste Bewußtmachung hast Du vollzogen, doch es gilt jetzt zu handeln, damit die Situation sich nicht verschlechtert. Schwierig wird die Interpretation für Dich, wenn es darum geht, ob ein bestimmter negativer Ausgang vermieden werden kann, wenn man etwas tut – oder bewußt gar nichts tut. Beide Möglichkeiten solltest Du in Betracht ziehen, denn überaktive und undurchdachte Reaktionen können unangebracht sein. Falls Du hinsichtlich der weiteren Vorgehensweise unsicher bist, ziehe noch eine oder mehrere Karten zur Erläuterung, danach wird Dir Dein Weg klarer sein.

Kurze Deutungshinweise mit anderen Karten

3	Ehestandskarte	Es droht Gefahr, daß sich jemand in eine Beziehung einschleicht
4	Zusammenkunft	Ein Treffen läuft anders ab, als erwartet; man versucht Dich auszuhorchen oder hereinzulegen
5	Guter Herr	Jemand versucht, Dich zu betrügen, sei vorsichtig
6	Gute Dame	In einem hinterhältigen Intrigenspiel steht Dir jemand schützend zur Seite
7	Angenehmer Brief	Es handelt sich um ein abgekartetes Spiel
8	Falsche Person	Hier meint es jemand nicht ehrlich mit Dir
9	Veränderung	Die Situation verändert sich sei wachsam
10	Reise	Bei einer Reise (oder der Buchung) besteht die Gefahr, hereingelegt zu werden
11	Viel Geld gewinnen	Glück im Unglück; Dir kann im Moment keiner etwas anhaben
12	Reiches Mädchen	Durch die eigene Naivität gerät man in Bredouille
13	Reicher guter Herr	Mit dieser Situation sind unbewußte Ängste verbunden
14	Eine traurige Nachricht	Man muß sich betreffend einer Nachricht/Sache ernsthaft Gedanken machen
15	Guter Ausgang in der Liebe	Jemand meint es in emotionaler Hinsicht nicht ganz ehrlich (verfolgt nur seine eigenen Ziele)
16	Seine Gedanken	Man weiß nicht genau, woran man ist (Ein unbestimmter Verdacht, aber keine greifbaren Beweise; man ist unschlüssig)

17	Geschenk bekommen	Man zerbricht sich den Kopf wegen eines Geschenks
18	Ein kleines Kind	Jemand versucht, Dich erneut hereinzulegen
19	Ein Todesfall	Man weiß nicht genau, wie man eine Sache zu einem vernünftigen Abschluß bringen kann
20	Haus	Man fühlt sich in seinen Grundbedürfnissen bedroht
21	Wohnzimmer	Eine Hinterlist, die mit dem Heim zusammenhängt; sie kann mit dem Objekt zu tun haben oder mit einer Person
22	Militärperson	Du kannst dich in einer Notsituation auf Deine Freunde verlassen
23	Gericht	Man grübelt in der Erwartung an die bevorstehende Entscheidung
24	Diebstahl	Es handelt sich um eine kleine Gaunerei, die Dir erst später bewußt wird
25	Zu hohen Ehren kommen	Es liegt an einem selbst, welche Wendung das weitere Geschehen nehmen wird; es ist also eine Frage von Aktivität oder Passivität
26	Großes Glück	Die Situation verbessert sich erheblich, aber ... immer noch vorsichtig sein
27	Unverhofftes Geld	Jemand mißgönnt Dir das Glück/den Erfolg
28	Erwartung	Der Rückzug in die eigenen vier Wände hilft, Abstand zu gewinnen und Boshaftigkeiten zu entgehen
29	Gefängnis	Es handelt sich um eine der wichtigen Begebenheiten im Leben: diese ist auf jeden Fall in angemessener Weise zu lösen

30	Gerichtsperson	Man macht sich sehr viele Gedanken wegen eines Streitfalls
31	Kurze Krankheit	Vorsicht vor Wunderheilern!
32	Kummer und Widerwärtigkeiten	Es gibt arge Probleme; man wird davor gewarnt keine große Dummheit zu begehen
34	Arbeit	Die Bewältigung des Problems ist noch nicht ausgestanden/Du neigst dazu, immer wieder auf die selbe „Masche" hereinzufallen
35	Ein langer Weg	Hier solltest Du eine klare Entscheidung treffen und dem Gegenüber Deinen Standpunkt klarmachen
36	Die Hoffnung, großes Wasser	Die Motivation der Hintergrund des Geschehens bleibt im Unklaren

34 Arbeit

Problem(-bewältigung), Herausforderung, Belastung, Arbeit

Beschreibung der Karte

Im Vordergrund der Karte sieht man einen gutgekleideten Herrn, der mit einer Schaufel versucht, den schweren Boden umzugraben. Der Kleidung nach zu urteilen, scheint dies nicht seine ursprüngliche Aufgabe zu sein. Die Bildmitte wird optisch durch einen Gartenzaun getrennt, der an der Stelle seines Durchgangs nicht durch ein Tor verschlossen ist.

Im oberen linken Teil des Bilds sieht man einen Schuster in *Pantoffel*n bei der Arbeit. Vor ihm befindet sich der Tisch mit den Resten einer Mahlzeit. In der rechten oberen Bildseite ist der offene Eingangsbereich eines *Hauses* zu sehen.

Grundsätzliche Deutung der Karte

Für Dich gilt es in der nächsten Zeit, Dein Pflichtbewußtsein und Deine Energie ganz in den Dienst einer Sache zu stellen, die Du jetzt zu erledigen hast. Verbinde Deinen Körper, Deine Seele und Deinen Geist zu einer Einheit, mit der Du das Ziel erreichen kannst. In Dir steckt genug Kraft und Ausdauer, um diese Aufgabe zu bewältigen.

Partnerschaft: Ob Du noch nach einem festen Lebenspartner suchst oder ihn bereits gefunden hast, auf der einen wie auf der anderen Seite bringt diese Situation für Dich in der kommenden Zeit einiges an Arbeit im positiven Sinne. Du hast Dir ein Ziel gesteckt, das Du erreichen möchtest, und dorthin solltest Du auch Deine gesamte Energie leiten. Wenn Du Dich innerlich mit dem Thema identifizieren kannst, an dessen Lösung Du gerade bereit bist heranzutreten, wirst Du sehr schnell in einen Zustand fließender Energie und Gefühle gelangen, der es Dir ermöglicht, beinahe spielerisch die schwierigen, kleinen Dinge zu erledigen, die Dich bisher vielleicht gehemmt haben. Dadurch empfindest Du Dein Tun auch nicht als Arbeit oder Mühe, sondern wahrscheinlich eher als einen wichtigen, befriedigenden Beitrag, den Du zur Bewältigung eines Problems leistest.

Selbsterkenntnis und Hintergründe: Wenn uns eine Sache besonders gut gelungen ist und wir die Herstellung und Entwicklung als einen ausnehmend beglückenden und erfüllenden Zustand erfahren haben, dann behaupten wir zumeist, daß wir „mit Liebe am Werk waren“. Dies kann nun eine exquisite Geburtstagstorte gewesen sein, aber es meint auch jede andere Art der Arbeit, die erledigt sein will. Bei manchen Dingen kannst Du es Dir vielleicht kaum vorstellen, sie mit Liebe zu machen, bei anderen fällt Dir die Annahme etwas leichter. Wie gehst Du an die Dinge heran, die Du im Vorfeld schon ablehnst, weil sie Dir vielleicht zu gering, zu kompliziert, zu schmutzig oder auch zu langweilig, sind? Häufig sind uns diese Arbeiten jedoch nur zuwider, weil wir in unserem Inneren bereits ein vorgefertigtes Bild davon tragen. Wenn Du bereits mit einer negativen Vorstellung an die Aufgabe herangehst, wirst Du fast zwangsläufig an irgendeinem Punkt aufgeben, falls Du auf kleinere Rückschläge oder

Verzögerungen triffst. Erstaunlicherweise werden diese Mißerfolge jedoch weitgehend reduziert, wenn man es sich erlaubt, in den Zustand des Fließens zu gelangen. Er ist die harmonische Einheit zwischen dem, was man tut, und dem, was daraus wird – also zwischen Künstler und Kunstwerk. Es ist ein Aufgehen in der Tätigkeit, die somit erfüllend wird und Dir Erfolge bringt, ohne daß Du bewußt eingreifen kannst. Überlege, bei welcher Gelegenheit Du zuletzt das Gefühl des Fließens erlebt hast, und dann versuche, Dich genau an Deine Empfindungen zu erinnern. Gehe dann mit Zuversicht und Offenheit an die Aufgaben heran, die Du Dir gestellt hast (oder die Dir gestellt wurden), und verrichte sie. Wenn Du damit so beschäftigt bist, daß Du um Dich herum kaum noch etwas wahrnimmst, hast Du den Zustand des Fließens erreicht – obwohl Du diese Beschäftigung vorher vielleicht abgelehnt hast. Genieße dieses Gefühl, und freue Dich darauf, es noch viele Male zu erleben.

Konflikte: Wenn die Arbeit zur Droge wird, die Priorität vor allen anderen Dingen hat, oder wenn das krasse Gegenteil davon der Fall ist, nämlich, daß man alles tun möchte, aber bloß nichts, das mit Arbeit zu tun hat, dann bringt das im Zusammenleben mit unseren Mitmenschen gewaltige Probleme mit sich. Es zeigt sich jedoch, daß Du in Dir eine Fülle kreativer Gedanken trägst, die Dir dazu verhelfen, solche Krisen ohne große Mühe zu überwinden. Trotz allem solltest Du Dich fragen, ob Deine Einstellung zur Arbeit und Pflichterfüllung zu Lasten anderer geht, die dadurch einen Teil der Aufgaben übernehmen müssen, denen Du Dich durch Dein Verhalten wiederum entziehst – sogar als Vielarbeiter.

Hoffnungen und Ängste: Arbeit, die in den meisten Fällen zu unserem Lebensunterhalt zwingend dazugehört, ist in der Regel mit Entbehrungen und Mühen verbunden. Nicht jedem ist es vergönnt, seine Berufung zum Beruf zu machen oder eine Arbeitsstelle zu erhalten, an der die Aufgaben, die Arbeitsbedingungen, die Kollegen und alles, was dazugehört, harmonieren. Die Mühe, das tägliche Brot zu verdienen, kann dann zum regelrechten Existenzkampf werden, wenn man das Gefühl hat, sich in einer Tretmühle zu befinden, und mit seiner Situation unglücklich ist. Die Arbeitsergebnisse leiden unter einer solchen Wahrnehmung, und schließlich sieht man sein Lebenswerk vielleicht noch durch eine Kündigung bedroht. Diese Ängste und die Blockade erzeugen in Dir bereits eine ablehnende Haltung gegenüber Deinem Tun – und damit lebst Du quasi auch wider Dein Selbst. Versuche zu ergründen, was Du tief in Dir als Deine Berufung empfindest. Wo liegen Deine Stärken, wo Deine Schwächen? Sei Dir auch darüber bewußt, daß diejenigen, die sich zu groß für kleine Aufgaben sind, auch zu klein für die großen Aufgaben sind. (Dies bedeutet nicht, daß Du jetzt um Ausbeutung betteln sollst, um Deinem Chef auf diese Weise zu zeigen, wer von Euch beiden der Größere ist.) Lerne, Deine Aufgaben zu lieben, und erfülle Deine Tätigkeit mit Freude. Du wirst Dein Leben meistern, denn Du trägst in Dir die besten Voraussetzungen dafür – Du mußt sie nur wecken.

Beachtenswert bei der Deutung der Karte

Laß Dich nicht zurückschrecken, wenn der Lohn Deiner Arbeit noch nicht in Sichtweite ist. Du hast eine Herausforderung angenommen, und Deine Bemühungen werden über kurz oder lang auch Erfolge zeigen. Du solltest jedoch darauf achten, Deine Konzentrationsfähigkeit und Deinen Willen zur Problembewältigung zu stärken, und ein wenig trainieren, um in den erfüllenden Zustand des Fließens zu gelangen. Doch denke daran: „Es ist noch kein Meister vom Himmel gefallen!“ Alles braucht seine Zeit.

Kurze Deutungshinweise mit anderen Karten

3	Ehestandskarte	In der Ehe/Partnerschaft gibt es Probleme, die sich nicht ohne größeren Aufwand lösen lassen
4	Zusammenkunft	Mit einem Treffen ist viel Arbeit verbunden (entweder in der Vorbereitungszeit oder im Anschluß daran – je nach Artenlage!)
5	Guter Herr	Die Probleme sind noch nicht gelöst, sie kommen erst noch
6	Gute Dame	Ein objektiver Beobachter warnt vor großen Problemen (deren Bewältigung viel Aufwand erfordert)
7	Angenehmer Brief	Eine Nachricht, die mit der Arbeit zu tun hat (Vertrag, Abmahnung, Kündigung o. ä.)
8	Falsche Person	Das Gerede wird zu einem großen Problem
9	Veränderung	Mit dieser Veränderung ist viel Arbeit und Mühe verbunden/ Eine Veränderung wegen der Arbeit
10	Reise	Ein Aktivurlaub/Der Urlaub dient dazu, ein Problem zu lösen/Eine Dienstreise/Die „innere Kündigung“
11	Viel Geld gewinnen	Der Zugewinn bedeutet gleichzeitig eine Menge Arbeit
12	Reiches Mädchen	Man geht mit zu naiven Vorstellungen an diese schwere Arbeit (Problemlösung) heran
13	Reicher guter Herr	Es ist noch einiges an Arbeit zu erledigen, bevor sich die ersten größeren Gewinne zeigen
14	Eine traurige Nachricht	Es kommt einiges an Arbeit auf Dich zu, was Konzentration der Kräfte und Organisation erfordert

15	Guter Ausgang in der Liebe	Man muß einiges dafür tun, um sich die Liebe eines anderen Menschen zu verdienen
16	Seine Gedanken	Man ist unschlüssig, ob man diese schwere Aufgabe annehmen soll
17	Geschenk bekommen	Das Geschenk macht große Mühe
18	Ein kleines Kind	Eine neue Sache bringt eine große Herausforderung und viel Arbeit mit sich
19	Ein Todesfall	Mit dem Abschluß einer Sache ist viel Arbeit und Mühe verbunden; in umgekehrte Legeweise auch: Vergebliche Mühen („Innere Kündigung")
20	Haus	Die Probleme liegen tiefer, als man denkt; eine oberflächliche Betrachtung reicht nicht aus: Das Problem berührt die Basis
21	Wohnzimmer	Im Heim gibt es Probleme, deren Bewältigung viel Kraft kostet
22	Militärperson	Man muß noch einiges tun, um die Ordnung (wieder) herzustellen
23	Gericht	Es bedarf viel Kraft und Anstrengung, diese Sache zu überwinden
24	Diebstahl	Bei der Arbeit gibt es Verluste
25	Zu hohen Ehren kommen	Man ist ehrgeizig bemüht, aus seinem Leben etwas zu machen
26	Großes Glück	Die Mühen werden sich lohnen
27	Unverhofftes Geld	Man muß noch einiges tun, bevor einem das Glück/der Gewinn zufällt („Ohne Fleiß kein Preis")
28	Erwartung	Man weiß, daß in der nächsten Zeit noch einiges an Arbeit auf einen zukommen wird
29	Gefängnis	Man fühlt sich durch die Arbeit eingeengt

30	Gerichtsperson	Die Bewältigung des Streites ist sehr aufwendig/Krach auf der Arbeit
31	Kurze Krankheit	Die Gesundheit (Krankheit) macht große Probleme
32	Kummer und Widerwärtigkeiten	Die Krise ist noch nicht überwunden
33	Trübe Gedanken	Die Bewältigung des Problems ist noch nicht ausgestanden – Du neigst dazu, immer wieder auf die selbe Masche hereinzufallen
35	Ein langer Weg	Man wird noch eine ganze Weile viel zu tun haben, dadurch bleiben andere Dinge unerledigt
36	Die Hoffnung, großes Wasser	Man arbeitet hart an der Verwirklichung der eigenen Wünsche und Ziele

35 Ein langer Weg

Entscheidung, langwierige Entwicklung

Beschreibung der Karte

Im unteren Teil des Bilds beginnt ein *Weg*, der direkt in eine Kurve führt und im mittleren rechten Teil des Bilds endet. Der Weg ist auf beiden Seiten von Bäumen gesäumt.

Grundsätzliche Deutung der Karte

Wenn Du das große Kartenbild legst, dann gibt Dir die Richtung der Wege den Hinweis darauf, welche zwei Entscheidungsmöglichkeiten Du hast. Die Karte, die unterhalb von „Ein langer Weg" liegt, zeigt dabei meist die Möglichkeit an, die Du bisher nicht in Betracht gezogen hast. Die Lösung, die Du für Dich momentan noch bevorzugst, liegt am rechten Rand der Karte. „Ein langer Weg" bedeutet immer die Entscheidung für eine(!) von mehreren Möglichkeiten, und deren Auswirkung auf die Zukunft.

Für die Bereiche der ***Partnerschaft, der Selbsterkenntnis und Hintergründe, der Konflikte und auch der Hoffnungen und Ängste*** gilt die Aussage der Karte einheitlich und verbindlich: Die Lösung dieser Sache wird eine geraume Zeit in Anspruch nehmen.

Diese Karte ist in diesem Sinne keine analytische Karte, weil sie keine Inhalte anzeigt, sondern Dich nur darauf hinweist, daß Du eine Entscheidung zu treffen hast. Dir werden zwei Wege aufgezeigt, die Du beschreiten kannst, welchen Du davon tatsächlich auswählst, liegt in der Freiheit Deines Entschlusses.

Beachtenswert bei der Deutung der Karte

Es fällt uns nicht immer leicht, in Situationen eine klare Entscheidung zu treffen, deren Auswirkungen wir vielleicht erst in einer Zeit zu spüren bekommen werden, in der wir an die konkrete Situation schon gar nicht mehr denken, weil sie dann bereits lange zurückliegt. Schau Dir deshalb die Möglichkeiten genau an, die Dir als Alternativen angeboten werden. Wenn Dir der Sinngehalt dieser Karten verborgen bleibt, dann ziehe ergänzende Karten, oder führe eine vollständige Befragung zu diesem Thema durch. Du kannst auch die alternativen Möglichkeiten zum Inhalt einer Kartenlegung erwägen, indem Du Deine Fragestellung in etwa so formulierst: „Was wird geschehen, wenn ich x mache? Wie wird sich die Situation für mich verändern, wenn ich mich für y entscheide?“

Kurze Deutungshinweise mit anderen Karten

3	Ehestandskarte	(Vertragliche) Partnerschaft, enge Beziehung
4	Zusammenkunft	Treffen, Gesellschaft, Verabredung
5	Guter Herr	Polarität: Fürsorge und Strenge, Krise und Heilung, Stärke und Milde
6	Gute Dame	(Weiblicher) Beistand, Mütterlichkeit, Schutz, Wärme
7	Angenehmer Brief	Informationen, Schriftstücke, Verträge, Nachrichten
8	Falsche Person	Falschheit, Hinterhalt, Zwist, Gerede, Rat
9	Veränderung	Wandel, Veränderung
10	Reise	Aufbruch, Fernweh, (Lebens-)Reise
11	Viel Geld gewinnen	Glück, Geld, kleine Gewinne
12	Reiches Mädchen	Naivität, Unerfahrenheit, Leichtsinn
13	Reicher guter Herr	Produktivität, Geschäftstüchtigkeit, Lässigkeit
14	Traurige Nachricht	Benachrichtigung, Meldung, Mitteilung, Emotionen
15	Guter Ausgang in der Liebe	Freundschaft, Intimität, Liebe
16	Seine Gedanken	Unstimmigkeiten, Unklarheiten, Ungewißheit
17	Ein Geschenk bekommen	Ein Geschenk, materiell oder emotional; Glück, das Gute im Leben
18	Ein kleines Kind	Unschuldig, Neubeginn, Kind, etwas Neues
19	Ein Todesfall	Beendigung, Abschluß, Neubeginn, Transformation
20	Haus	Basis, Herkunft, Selbstvertrauen
21	Wohnzimmer	Heim, die Privatsphäre
22	Militärperson	Ordnung, Sicherheit, Disziplin, Verantwortung
23	Gericht	Zwist, Trennung, Ernte, Entscheidung

24	Diebstahl	Diebstahl, Verlust, List, (Selbst-)Betrug
25	Zu hohen Ehren kommen	Schicksal, Wende
26	Großes Glück	Glück, Licht, Zuversicht, Fülle
27	Unverhofftes Geld	Segen, Wohltaten, Geld, Wachstum
28	Erwartung	Einstellung, Erwartungshaltung
29	Gefängnis	Isolation, Abgeschiedenheit, Irrtum
30	Gerichtsperson	Krach/Differenzen, aber auch (rechtlicher) Beistand
31	Kurze Krankheit	Gesundheit/Krankheit, körperliche und seelische Beeinträchtigungen
32	Kummer und Widerwärtigkeiten	Warnung, Kummer, drohendes Unheil
33	Trübe Gedanken	Verborgene Gedanken, Unsicherheit, Heimlichkeiten
34	Arbeit	Problem(-bewältigung), Herausforderung, Belastung, Arbeit
36	Die Hoffnung, großes Wasser	Das Unbewußt-Sein, tiefe Hoffnungen und Ängste, Lebensträume, das wahre Selbst

36 Die Hoffnung, grosses Wasser

Das Unbewußt-Sein, tiefe Hoffnungen und Ängste, Lebensträume

Beschreibung der Karte

Vom unteren Bildrand bis in die obere Hälfte hinein zeigt sich eine große Wasserfläche, die bis zum Horizont reicht, an dem gerade die *Sonne* auf- oder untergeht. Im vorderen Bildteil ist links ein wuchtiger *Felsen* zu sehen, auf dem ein *Anker* liegt. Neben diesem Fels sieht man die Reste eines kleinen *Boots*, das gerade in der Brandung versinkt, da es die Klippen unterschätzt hat und zerschellte. Zwei Möwen kommen über das Wasser auf den Betrachter zugeflogen. Dies zeigt, daß die Szenerie nicht weit vom Ufer entfernt zu suchen ist.

Grundsätzliche Deutung der Karte

Hinter dieser Karte verbergen sich Deine innigsten Wünsche und Hoffnungen. Es ist eine Sammlung Deiner „Das würde ich gerne einmal machen“-Sehnsüchte, aber auch der begrabenen Ideen und Vorstellungen. Es ist das, was Du Dir einmal ersehnt hast, die Lebensziele, die Du Dir selbst gesetzt hast, und auch Dein innerstes Wesen, Dein Selbst.

Partnerschaft: Vielleicht wartest Du noch auf den Märchenprinzen oder die Märchenprinzessin Deiner Vorstellung, oder Du hast ihn/sie bereits gefunden und setzt nun große Hoffnungen darauf, mit ihm/ihr Deine Lebensziele zu verwirklichen. Mache Dir bewußt, welche Ideale Du in Deinem Partner verwirklicht siehst (sehen willst) und ob Du ihn als eigenständiges Wesen an-erkennst oder er nur das Bild einer Traumfigur widerspiegelt. Auch Beziehungen, die Du bereits in frühen Jahren erlebt oder wahrgenommen hast, prägen Dein Unbewußt-Sein. Werde Dir bewußt über die Qualität Deiner Beziehung.

Selbsterkenntnis und Hintergründe: „Wer bin ich und was will ich?“ Kannst Du diese Frage für Dich bereits beantworten? Erforsche Deine eigene Identität, um zu wissen, daß Du tief in Deinem Inneren ein ganzes Wesen bist, das nicht geteilt, zerstört oder ausgetauscht werden kann. Auch wenn Du Dich rein äußerlich veränderst, wenn Du Wesenszüge adaptierst, weil sie Deinem oberflächlichen Ego als Teil seiner Maske gefallen, wirst Du innerlich immer das Wesen bleiben, das Du stets warst. Deine Wahrheit liegt tief in Dir verborgen, mache Dich auf die Suche nach Deiner Identität, um Dich selbst zu erfahren, und trenne Dich von den unechten und falschen Details, mit denen Du Dein Wesen geschmückt hast in der Annahme, es sei das, was Du wolltest.

Konflikte: Der Verlust der Hoffnung, eines Lebensziels, die Verdrängung der eigenen Wünsche und auch das Unverständnis für die Konsequenz und Offenheit, mit der unsere Mitmenschen ihr Leben und ihr Selbst leben, kann zu Konflikten für diejenigen führen, die diese Qualitäten bisher nicht in ihr Leben einbeziehen konnten. Andererseits sind Rücksichtslosigkeit und Undankbarkeit die Schlagworte, die uns begegnen, wenn die persönlichen Ziele ohne Achtung der Rechte und Wünsche anderer gelebt werden. Versuche, Deine inneren Bedürfnisse im Einklang mit Deinen Mitmenschen zu befriedigen und zu leben. Bringe alles miteinander in Verbindung, und harmonisiere dadurch die Situation. Vielleicht kannst Du auch der Fels für einen anderen sein, der Sicherheit und Stabilität vermittelt. Bemühe Dich um die Wünsche Deiner Mitmenschen, damit sich ein Teil Deiner inneren Bedürfnisse und Hoffnungen auf diese Weise erfüllen kann.

Hoffnungen und Ängste: In die Tiefen Deiner Seele und Deines Wesens einzukehren bedeutet eine besondere Herausforderung, denn noch weißt Du nicht, wohin Dein Lebensboot dich treibt. Durch die Sonne am Horizont erhoffst Du Dir einen guten Start oder eine glimpfliche Landung am Ufer, ohne durch die Brandung an den Felsen zerschmettert zu werden. Der Weg hinaus auf das große Wasser, die Reise in Dein unbekanntes Inneres oder die Landung am Ufer, das Ankern in Dir selbst gehört es zu den ersten Antrieben, die sich Dir mit dieser Karte offenbahren. Nutze Deine Ängste, um Dich nicht von kritischen Situationen beunruhigen zu lassen, doch nimm all Deine Neugierde, Deinen Mut und Deine Hoffnung zusammen, und geh auf den Menschen zu, den Du vielleicht am wenigsten kennst von allen – auf Dich selbst.

Beachtenswert bei der Deutung der Karte

Diese Karte fordert Dich immer wieder auf, mit Deiner inneren Führung Kontakt aufzunehmen und Dich selbst zu fragen, was Du möchtest und ob es Deinem wahren Wesen entspricht. Mache Dir bewußt, daß Träume und Hoffnungen auch manchmal das bleiben müssen, was sie sind, und nicht erfüllt werden dürfen. Ohne Hoffnungen und Träume gibt es keine Anreize mehr, sich zu verwirklichen oder irgendetwas zu erstreben. Ein Leben ohne Hoffnung ist das Herabsinken in das Dunkel, es ist das Zerschellen in der Brandung des Lebens. Pflege und liebe Deine Wünsche, erinnere Dich immer wieder an sie, suche sie auf, und erfülle Dir ab und zu auch mal einen – aber nur, wenn Du sicher bist, daß er Dir wirklich entspricht.

Kurze Deutungshinweise mit anderen Karten

3	Ehestandskarte	Man hegt die Hoffnung auf eine immerwährende Liebe/Partnerschaft
4	Zusammenkunft	Dieses Treffen soll dazu dienen, die innersten Wünsche zu erfüllen
5	Guter Herr	Eine Beziehung ist bedroht; in umgekehrter Reihenfolge: Eine Beziehungskrise wird überwunden
6	Gute Dame	Jemand scheint über die Hintergründe besser informiert zu sein und kann so entscheidende Hinweise oder Warnungen geben
7	Angenehmer Brief	Eine (schriftliche) Nachricht bringt einen den Lebenszielen und -wünschen näher
8	Falsche Person	Eine Hinterlist, die sich im Verborgenen abspielt
9	Veränderung	Mit dieser Veränderung sind Hoffnungen und Ängste verbunden, der weitere Verlauf liegt aber noch im Dunkeln
10	Reise	Man verbindet mit der Reise eine Hoffnung
11	Viel Geld gewinnen	Der weitere Verlauf ist ungewiß/Das Glück ist launisch; man darf es zwar genießen, sollte aber ein wenig umsichtiger sein
12	Reiches Mädchen	Man hält in naiver Weise an seinen Zielen und Hoffnungen fest, ohne sich für sie zu engagieren
13	Reicher guter Herr	Man erreicht mit Lässigkeit viele der gesteckten Ziele, doch besteht die Gefahr, daß man unachtsam wird

14	Eine traurige Nachricht	Ein Hinweis auf die Zusammenhänge hinter dem, was man sehen oder erahnen kann/Das Schicksal gibt Hinweise, aber keine vollständigen Einblicke
15	Guter Ausgang in der Liebe	Man erhofft sich durch die Liebe die Verwirklichung der eigenen Hoffnungen und Wünsche
16	Seine Gedanken	Man hinterfragt seine Wünsche, ist sich nicht ganz sicher, ob ihre Verwirklichung tatsächlich erwünscht ist
17	Geschenk bekommen	Mit dem Geschenk sind die innersten Hoffnungen und Sehnsüchte verbunden/Man erwartet sich viel (betrifft nicht unbedingt die Menge)
18	Ein kleines Kind	Man macht sich nicht allzuviel Gedanken über das Leben und das Schicksal
19	Ein Todesfall	An die Beendigung einer Situation oder Sache sind große Hoffnungen geknüpft
20	Haus	Die geheimsten Wünsche und Ziele hängen mit Stabilität und Geborgenheit zusammen
21	Wohnzimmer	Das Hoffen und Sehnen nach dem eigenen Heim
22	Militärperson	Man hütet die eigenen Wünsche und Träume mit Wohlwollen und Bedacht
23	Gericht	Mit der Entscheidung sind große Hoffnungen verbunden
24	Diebstahl	Man verliert seine Idole und Ziele
25	Zu hohen Ehren kommen	Man hat sich für sein Leben hohe Ziele gesteckt

26	Großes Glück	Man hat bei der Verwirklichung der eigenen Wünsche und Ziele stets eine glückliche Hand
27	Unverhofftes Geld	Der weitere Werdegang bleibt einstweilen im Verborgenen
28	Erwartung	Die ureigenen Wünsche und Hoffnungen möchte man bald verwirklicht sehen
29	Gefängnis	Man fühlt sich an der Verwirklichung der eigenen Wünsche gehindert
30	Gerichtsperson	Der Hintergrund und die Problemlösung bleiben noch im Verborgenen/ Die Zeit ist noch nicht reif
31	Kurze Krankheit	Es hilft Dir weiter, wenn Du Deine Träume aufschreibst
32	Kummer und Widerwärtigkeiten	Man fühlt sich unwohl und empfindet die Situation als verworren, kann aber gleichzeitig keinen Ratschlag annehmen
33	Trübe Gedanken	Die Motivation als der Hintergrund des Geschehens bleibt im Unklaren
34	Arbeit	Man arbeitet hart an der Verwirklichung der eigenen Wünsche und Ziele
35	Ein langer Weg	Man ist noch weit davon entfernt, seine Lebensziele und -wünsche zu erfüllen

Literaturauswahl zum Thema Kipper-Karten, Kartenlegen und Symbolik

Kipper-Karten, Dipl.-Ing. Hildegard Leiding, 2 Bde., Verlag Weisse Reihe, 1994

Wahrsagen mit den Kipper-Karten, Christine Vogel, Knaur-Verlag, 1997

Kartenlegen für jedermann, Gudrun Leyendecker, Artha-Verlag, ohne Jahresangabe

Wörterbuch der Symbolik, Hrsg. Manfred Lurker, Kröner-Verlag, 1991

Der Mensch und seine Symbole, C. G. Jung, Walter-Verlag, 14. Auflage (Sonderauflage) 1995

Handbuch der großen Lenormand Wahrsagekarten, Marion Röbkes, Windpferd 1998

Handbuch der Karten-Legetechniken, Marion Röbkes, Windpferd 1998

Wahrsagen mit Skatkarten, Marion Röbkes, Windpferd 1999

Über die Autorin

Marion Röbkes lebt und arbeitet in Bonn, Sie ist eine Expertin in der Kunst des Wahrsagens, erfahren mit verschiedenen Deutungssystemen sowie mit Astrologie (geprüftes Mitglied des Deutschen Astrologenverbandes DAV). Sie gibt auf Anfrage Einzelunterricht und Beratungen im Kartenlegen sowie Kurse und Seminare. Weitere Informationen über Marion Röbkes finden Sie unter www.windpferd.de.

Marion Röbkes

Handbuch der großen Lenormand-Wahrsagekarten

Praktische Anleitung zum umfassenden Deuten der großen Lenormand-Wahrsagekarten

Dieses umfassende Deutungshandbuch beschreibt die verschiedenen Deutungsebenen der esoterisch vielschichtigen Orakel-Karten der Mlle Lenormand.

Die Verknüpfungen der Karten untereinander und die Symbolsprache, die hier zum Ausdruck kommt, fügen sich zu einem Medium, das für die Orakeldeutung von unschätzbarem Wert ist. Das große Lenormand-Spiel erschließt sich über das Wissen mythologischer und astrologischer, aber auch alchemistischer Zusammenhänge.

Zur umfassenden Deutung finden sich zu jeder Karte Hinweise zu den Bereichen Partnerschaft und Beziehungen, Konflikte, Selbsterkenntnis und Hintergründe, Hoffnungen und Ängste.

296 Seiten · ISBN 3-89385-480-0
www.windpferd.de

Marion Röbkes

Wahrsagen mit Skatkarten

Legetechniken und Deutungen für Liebe, Partnerschaft, Beruf und Zukunftsplanung

Sie möchten wissen, was die Zukunft bringt, wollen erfahren, in welche Richtung sich Ihre Partnerschaft entwickelt, oder einfach nur, ob der morgige Tag einen positiven Aspekt hat? Fragen Sie Ihre Skat-Karten! Marion Röbkes verrät Ihnen alles Wissenswerte rund um die Deutung mit den beliebten Spielkarten, die nahezu in jedem Haushalt vorrätig sind. Von Herz 7 bis Kreuz As, jede K arte birgt geheimnisvolles Wissen in sich, das Ihnen Zukünftiges offenbart – Sie müssen es nur richtig interpretieren!

Zu „Wahrsagen mit Skatkarten" gibt es zum leichteren Einstieg separat auch die passenden Skatkarten, Wahrsage-Lern-Karten mit aufgedruckten Deutungen (ISBN 3-89385-333-2).

160 Seiten · ISBN 3-89385-321-9
www.windpferd.de

Pete A. Sanders

Das Handbuch übersinnlicher Wahrnehmung

Übersinnliche Fähigkeiten entdecken und trainieren

Feinfühligkeit, Intuition, Hören innerer Stimmen, Hellsehen, Aurasehen und Selbstheilung

Der Mensch ist eine Seele, die einen Körper hat, lautet die Botschaft dieses Buches. Es zeigt uns, auf welche Weise wir grenzenlos sind und danach streben, unser volles Potenzial und unser höheres Wissen zu leben. Die Welt der inneren Weisheit ist real, und jeder kann ein Teil von ihr sein, denn alle Menschen haben bisweilen Fähigkeiten, die über das Gewohnte hinausgehen. Doch nur wenige wissen, dass es möglich ist, diese Sensitivität bewusst zu nutzen. Pete A. Sanders hat während der Jahre, die er am Massachusetts Institute of Technology Biomedizinische Chemie und Neurologie studierte, Grundlagen und Methoden entdeckt, die übersinnliche Wahrnehmung für jeden möglich macht.

288 Seiten · ISBN 3-89385-444-4
www.windpferd.de

Ulrike Hinrichs · Petra Schneider

Die großen Meister-Karten

Die Energie der aufgestiegenen Meister

Das Set mit 21 wunderschön und einfühlsam illustrierten Karten weist den Weg zu den aufgestiegenen Meistern.

Sie stellen eine höhere Oktave esoterischer Arbeit dar. Kommen wir in Kontakt mit ihren Energien, dann entsteht eine Verbindung zu geistigen Prinzipien, die das spirituelle Wachstum fördern.
Neben einer Anleitung zum Umgang mit den Karten und Legetechniken gibt das Deutungshandbuch ausführliche Hinweise zur Situation des Fragenden und eine Antwort mit Handlungsanweisung und weiteren Fragestellungen.
Ein Set, das viele Wege zur Selbstfindung und Selbsterkennung weist, und ein spiritueller Ratgeber gleichermaßen.

Buch mit 64 Seiten + 21 Karten · ISBN 3-89385-287-5
www.windpferd.de